朝日新書
Asahi Shinsho 854

# 不動産の未来

## マイホーム大転換時代に備えよ

牧野知弘



朝日新聞出版

# はじめに　日本沈没にみる不動産の未来

1973年に刊行された小松左京《こまつさきょう》作『日本沈没』(光文社カッパ・ノベルス)は上下巻で793ページにも及ぶ大作であったにもかかわらず、上巻204万部、下巻181万部という大ベストセラーになったSF小説である。この作品は刊行された73年と2006年に映画化され、74年にはドラマとしても放映されていたが、21年10月に再度TBSテレビ日曜劇場でドラマ化され、高い視聴率を獲得した。

ストーリーは日本列島近傍のマントル流に変化が起こり、そのことによって地殻変動が発生して日本列島の陸地の大半が海中に没し、日本人の多くが日本を離れ世界に漂流するという「悲惨な未来」を綴《つづ》ったものだ。この状況を予言する地球物理学者とそれをありえない戯言《たわごと》と失笑する人々の対比を描きながら、ありえない出来事の発生と危機対応の難しさが、作家による冷徹な地球物理学からの考察と鮮やかな筆致で見事に表現されている。

この小説が刊行された1973年は、関東大震災の発生（1923年）からちょうど50年。人々の記憶から薄れつつあった大地震に対する恐怖が蘇ったものともいえる。

さて時代は関東大震災からやがて100年を迎えようとしている。大震災だけでなく富士山噴火、地球温暖化、気候変動による海水面の上昇、様々な外部環境の変化による日本沈没は、必ずしもSF小説の世界のみにある絵空事ではないのかもしれない。

そのいっぽうで日本経済の沈没はどうやら現実に近づきつつある。日本はこの四半世紀で、世界における経済的な地位を落とし続けてきた。国全体のGDPはほとんど成長することなく、国民一人当たりのGDPや平均賃金ではお隣、韓国の後塵《こうじん》を拝するに至っている。世界で活躍する日本企業の相対的な地位は下がり続け、世界企業の時価総額ランキングで、ベスト30に入る日本企業の姿は見当たらなくなって久しい。それどころか21年8月にはGAFA（グーグル、アップル、フェイスブック、アマゾン）の時価総額が日本企業全体の時価総額合計を超えるという惨事となっている。

安倍政権では2020年度にGDP（名目値）の600兆円達成を目標としてきたが、コロナ禍の影響があったとはいえ結果は536兆円と全くの未達状況にある。もはや日本は成長できない国というレッテルを貼られつつあるのが現状だ。

資本主義を掲げる限りにおいて、成長はマストである。ところが日本はもはやどうあがいても成長ができそうにない。国内は人口減少がこれから本格化する。高齢者が多いということはこれから大量の死者が発生する。死者は経済活動には参加もできないし、消費にも貢献できない。少子化は日本国内での需要をさらに、確実に減らしめる。

独立研究者山口周は、日本は既に資本主義としての成長段階を終了し、これからは高原社会に入ると説く。経済成長を登山に例えるならば、日本は上り坂をのぼり終え、今眼前に広がるのは高原である、という。持続可能社会の実現は、実はこれからの日本にとっては、世界のどの国よりも重要視していかなければならないテーマなのである。

にもかかわらず、日本の多くの政治家、経済人たちは、いつも輝ける古き良き時代に戻りたがる。成長を続けることが未来につながると信じてきたからだ。しかるに相変わらず、多くの施策がこの「日本は成長する」モデルを前提にしている。そして社会のインフラ資産である、不動産はこの流れに乗っかったまま、大量の超高層オフィス、タワーマンションを建設することで成長モデルを支援している。

世界はすでに気候変動に対する警戒をマックスにしている。2050年に温室ガス排出量を実質ゼロにする「カーボンニュートラル宣言」には、日本も追随してはみたものの、実現に向けての足取りはいまだに重い。そしてこの宣言自体もGDP目標600兆円と同様の「言ってみただけ」になるのではないかと心配される。

日本の未来はこれまでの「成長」を前提としたモデルからの全面的な転換を余儀なくされている。そしてこれを支える日本の不動産の未来も新たなるロードマップを描くときに来ている。

本書では、日本社会の変わらざるを得ない未来と、社会を支えるインフラである不動産の未来をクロスさせながら、これからの日本のあるべき姿を考えていきたい。小松左京は『日本沈没』を発表する9年前の1964年に、SF小説『復活の日』を刊行している。この小説はまるで現在のコロナ禍を予言するかのような内容だが、日本が、世界が驚くようなこれまでにはなかった新しいモデルで「復活」することを願っている。そしてその復活を前提とした新しい日本社会の中での不動産の未来を語りたい。

牧野知弘

2021年12月

# 不動産の未来

## マイホーム大転換時代に備えよ

目次

## 第三章　相続大異変　79

## 第四章　多元化する不動産
### ——地政学、安全保障、エネルギー、DXの影響　119



## 第五章　災害に備えよ　155

図表作成／谷口正孝

第一章

# 不動産大転換

## いよいよ始まる日本社会の大変化

変化というものは、はじめはひとつの、ほんの小さな穴から始まる。それは細い針で開けたような、ほとんどの人は気が付かない穴。たとえ気づいたとしても、「なんだ、たいした穴じゃない。平気、平気」といって済ませられるような穴だ。

だが、そのままほうっておいて、後になって気が付くとそれはいくらか大きな穴になっている。そしてその穴はいつのまにか、到底修復できないような大きさに広がっている。そのとき、多くの人はその穴の大きさに驚きうろたえる。そして、「たしかにあのとき、そんな穴があったような気がする、実は気づいていたんだ」といった空疎な会話をするようになる。これが時間の推移に伴う世の中、社会の変化である。

日本の現在地はどうだろうか。アベノミクスで株価や不動産価格が上がり、生産年齢人口の減少という外部環境の変化に対してとられた、非正規雇用者を増やすという小手先の策によって、見かけの失業率は下がり、訪日外国人客（インバウンド）が大勢日本に押しかけてきて「ニッポン、スゴイ」と連呼してくれたおかげで、なんとなくまだまだ日本はがんばっている、すごいのだ、と思ってこなかっただろうか。

少子化社会、高齢化社会という。ただ、これからの国の変わりようの中で、人口構成の変化についてはこれを押しとどめようがない。つまり、国民からみれば、「わかっちゃいるけどとめられないのだし、おれたちにどうにかしろとでも？」という諦念があるのではないだろうか。

平成初期、世界最強を誇った日本企業は、新産業、新技術において凋落《ちょうらく》の一途をたどっていることはもはや明らかで、どんなにこの不都合な事実を隠蔽しようとしてもどうにもならない。まだ毎年のようにノーベル賞を受賞する日本人が出現していて、

「同じ日本人として誇らしい」

などと為政者はコメントしているが、受賞した多くの学者は研究環境が劣悪な日本を出て、米国などの海外で活躍が認められた「脱日本人」だ。

現在地においてこそ、一億人を超える人口を抱えるおかげで、日本企業の多くは、細りゆく内需というケーキを、企業同士で合従《がっしょう》連衡《れんこう》を繰り返すことで分け合ってきている。

日本人の多くがサラリーマンという名の勤労者となり、会社という村組織の中で生きている。人生の大半の時間を会社という村社会の中で費やし、これまでの世代が受け継いできた、同じ価値観を引きずりながら、途方もない金額の住宅ローンを組んで、狭い面積の

マンションを買い、自宅と会社との間を毎朝毎夕行き来している。

この四半世紀、勤労者の所得は全くと言っていいほど増加しなかった。そして毎月積み立ててきた厚生年金も、現在の40歳、50歳代は自分が預けた金額を回収できる見込みすらなくなっている。サラリーマンの多くは、自らまわりに穴を掘って籠り、どうにもならない世の中を「見ない」「聞かない」「言わない」でやりすごしている。

戦後75年、つまり3四半世紀が経過して、世代は三回転した。この間で日本国内の消費を牽引《けんいん》してきた中間層は崩壊して、日本人は二極化した。前世代に資産がなく、受け継ぐもののない若者は「親ガチャ」などと嘯《うそぶ》き、正規雇用にありつけず、社会保障すら満足に受けられずに貧困化している。まだ親の年金が潤沢な世代の子は、親の家に居座り、親の年金をかすめ取って生きている。だが親が亡くなれば、彼らの手元に残る資産は古ぼけた家だけになる。

親が裕福な家の子は、有り余る教育投資を背景にいい学校に行き、世間でいいと言われる大企業に就職する。今の日本社会では、大企業のサラリーマン同士で結婚した世帯でなければ、都心部でまともに家すら買えなくなっている。彼らは保守化し、現状をなるべく変えず維持するほうに考える。現状の日本が決して良好な状況にはないことを自覚はしていても、やはり「自分たちではどうにもならないし、今がまあまあ良いのだからこれでよい」と改革の議論には参加してこない。

そして人々は日頃の憂さを晴らすのに、スマホゲームの小さな画面の世界にのめり込み、大きなスポーツイベントに狂喜し、日本の将来に対してまともに向かい合おうとはしないのだ。

2020年2月から約2年近くにわたって日本を、そして世界を翻弄し続けているコロナ禍はあらためて日本社会の現状と抱えている問題を浮き彫りにした。コロナ禍という未曽有の危機に対して、残念なことに為政者は明確な指針を打ち出すことができなかった。日本の医療体制は世界一の充実ぶりなどと勝手に思い込んでいたのが、あっというまに崩壊し、単なる妄想であったことが証明された。

2019年ラグビーワールドカップが思わぬ大成功を収め、20年の東京五輪でさらに国民の目を、今の日本の現状から逸らせるはずであったものが、開催の延期、そして21年、何とか無観客での開催にこぎ着けたものの、期待した経済効果はほとんどなく、精査することが憚《はばか》られるほど巨額の開催費用の取り扱いだけが残った。

そして迎えた2022年である。時代はコロナ前に戻ることを夢見て、目の前に迫る問題をこのままどこまでも先送りにし続けるつもりだろうか。2025年には大阪万博だ。そして2030年には再び札幌で冬季五輪開催を目論む動きがあるという。日本はまるで牛の反芻《はんすう》のように、良かりし時の思い出に浸り「夢よ、もう一度」を願っているようにしかみえない。これではまるで滅びゆくローマ帝国と同じである。

21年9月に行われた自民党総裁選において岸田首相が金融所得課税を打ち出したが、一部の猛反発にあって慌ててひっこめた。財務省の事務次官が「このままでは日本は財政破綻する」と書き、袋叩きにあった。モノ言えば唇寒しだが、日本社会では既に大変化が生じ始めている。小さな穴どころか社会全体がかつてない変化の渦に巻き込まれ、ぱっくりと大きな口を開けた穴が広がっているのだ。

不動産は社会全体を支えるインフラである。社会が変わるということは不動産自体が変わることを意味する。不動産が変わるとは、どのように変わるのだろうか。それは人々が不動産に求める価値の変革だ。日本社会の激変は、そこに暮らす人々の生活基盤である不動産価値をも変えるのである。

## 2030年のTOKYOと日本社会

日本が首都東京で成り立ってきていることは誰しも疑いようがないだろう。東京とそれを取り囲む神奈川、埼玉、千葉を含む1都3県の人口は3693万人を数え、日本全体の人口の約3割を占めている。戦後、高度経済成長期を経て日本の国力がほぼ頂点に達したともされた1995年までの間、国内では地方から東京圏、大阪圏、名古屋圏という三大都市圏に人口移動が起こり、製造業を中心とした日本の産業構造が確立された。

95年以降、三大都市圏の中では東京圏のみに人口が集中するようになる。東京一極集中の始まりである。経済成長が止まり、先進国の中でも徐々にその地位を落としていく日本が最後の砦として、繁栄の象徴としたのが首都東京だった。

製造業に代わり、日本は金融収支で生きる国になった。大企業は国内の限られたマーケットの中で棲《す》み分けをはじめ、稼いだ利益は内部留保を行うことに注力し、新たな研究開発投資を行い、世界にその成果を問うていく企業は少なくなった。

地方ではすでに成長する産業は少なく、若者が働く職場は介護施設か宅配になった。食い扶持《ぶち》を求めて、首都東京を目指すのは自然の流れだったのだ。

東京の現在地はどうだろう。都心部には超高層ビルが所狭しと立ち並ぶ。周辺部にはそのオフィスに通勤するサラリーマンのためのマンションが林立する。超高層ビルの多くは新たな土地の上に建設されるものは少なく、都心容積率の緩和という恩恵を利用して既存のビルを建て替えるものだ。マンション価格は高騰し続けているが、実は買い手の多くはすでに実需層ではなく、超低金利政策の恩恵を受けた投資家や海外投資マネー、そろそろ相続が心配になった高齢富裕層たちだ。低金利と税制上の特例を使い、夫婦ダブルローンを組んで高額の新築マンションを購入できるのは、夫婦とも上場企業に勤め、世帯年収が優に1000万円を超える、超パワーカップルだ。マンション相場は転売目的の業者買いも横行するバブル相場の観を呈しているが、今後の金融情勢によっていくらでもひっくり返る、いわば氷上のリスクの上にあるのが現状だ。

では2030年には東京はどんな立ち位置になっているのだろうか。2030年まであと8年、東京が変化するということは日本社会が変化することを意味する。東京にすべての産業と人が集まる、この現象は一見すると、東京だけが成長しており、東京は他の追随を許さぬ猛烈な勢いで成長を遂げているように見える。だが、実態は日本各地で食い扶持が乏しくなった企業や個人が最後に生き残る場を求めて東京に逃げ込んでいると捉えることもできる。

そして今の東京は、相変わらず東京に逃げ込んでくる企業や人々の受け皿づくりに忙しい。これからの数年で、山手線の東側、城東地区では床面積にして、約70万坪を超えるオフィスビルが建設される。勝どきや豊洲、有明などの湾岸地区にはまだまだ多くのタワーマンションの建設が予定されている。

東京のオフィスで働くために、オフィスに近いところに居住する。この職住近接の生活スタイルは、「人はオフィスで働き、そのために家を買う」という、昭和・平成時代からの思考回路を前提とするものだ。コロナ禍を経て、多くの企業で社員の働き方は多様化し、通勤をしないという働き方が一部の業種や職種で完全に定着しているのにもかかわらず、デベロッパーやゼネコンは、これを「ほんの小さな穴やほつれであって、大勢には影響がない」と考え、自分たちの船の羅針盤の狂いを変えようとしない。

2030年に至るまでの東京の道のりは、おそらくこれまでの成功の方程式、まさに昭和・平成の成長モデルをそのまま継続していく先にあるのではないだろうか。つまり昭和・平成の余熱、あるいは残り香を嗅ぎながら、東京中をほっくりかえす行動をやめはしないだろう。

だがこの巨大な船は、目の前に大きな氷山が見え始めても、いきなり方向転換はできない。現在計画している多くの再開発プロジェクトは予定通りの竣工、開業を迎えることだろう。そのときの東京は、日本中から相変わらず多くの企業と人を集め続けているのだろうか。ずいぶん前から、時の為政者や専門家と称する人々、事業者であるデベロッパーやゼネコン首脳が「東京は国際金融センターになる」と言い続けてきているが、いまだ実現していないのではないか。

2030年には人々の働き方はオフィス中心から、自宅や自宅周辺のサテライトオフィスやコワーキング施設へと広がり、あるいは自由に地方に拠点を移しているかもしれない。企業のヘッドクォーター（本社機能）は、東京に一部の機能を残すだけで、地方に散っているかもしれない。それどころかネットのクラウド上に存在しているにすぎなくなっているかもしれない。

今は荒唐無稽に聞こえるかもしれないが、時代の変化、社会の変化というものは今後加速度的に進んでいくことが予測されている。過去の成功の方程式で物事を考え続け、自らに適合していたモノサシだけを金科玉条のように使う先に2030年のTOKYOは見えては来ないのだ。

オフィスビル街では、完成してしまった新築オフィスビルがテナントを求めて、既存の中小ビルから引き抜きを行っているだろうし、熾烈《しれつ》な引き抜き合戦に伴い、賃料はかなり安くなっているだろう。またオフィスのあり方も、ただ単に机と椅子を並べるスタイルから、打ち合わせや互いに意見交換を行うことができるようなカフェスタイルに、あるいはビルの中で様々な実験ができるようなラボ機能を備えたものなどに、その形態を変えていることだろう。

オフィスは毎朝「出勤」してくるものではなく、必要に応じて利用する場になるのならば、何も巨大な空間を借りて、いつも使いはしない床と空間に対して、「賃料」を払うような代物ではなくなっているはずだ。働き方が変わることとは、これまで誰も疑ってこなかった「オフィスに通勤して働く」というビヘイビア（行動）を壊し、その結果としてオフィスの床の貸し借りとそのことに伴う、賃料を支払うという常識が変わることを意味しているのである。

コロナ禍にあって、人々は新しい生活様式が必要だと言われた。行動変容が必要だと言われた。この変化の意味は実は重たい。行動が変わるということは、それまでの社会常識が根底から変わることにつながる。コロナ禍は変化のための一つのきっかけにすぎず、こうした人々の行動変容はコロナ前から、水面下で着々と進行していたことだ。コロナ禍はその変化を思い切り前に進めただけのことなのだ。

どうやら2030年のTOKYOは、現在地の東京とはだいぶその姿を変えていそうなのだ。

## 昭和平成脳で考えてきた家選び

これからの日本社会で大きく変化していくのが、人々の住宅に対する考え方だ。昭和・平成時代、日本人はとにかくどこかで家を買わなければならないという、強迫観念のようなものを抱いてきた。

賃貸住宅に住み続けても、賃料は捨てるだけだが、家を買えば、たとえ大きなローンを背負ったとしても、家は資産になるので、買ったほうが得だ。私たちの多くはこうした漠とした思考回路で家という商品を眺めてきた。

実際に家を買ったら儲かってしまったという事例はこれまでも数多く見られた。昭和から平成バブル期まで住宅価格は一方的な右肩上がりであったため、あたりまえだが、家は早く仕入れたほうが、儲けが膨らんだ。需要が順調に拡大し、それに供給が追い付かないのだから価格が上がるのは、経済学を少しでもかじった人からみれば当然の成り行きだ。

平成バブル時代になると、金融緩和によって資金の過剰流動性が生じ、不動産価格が急騰し、不動産売買は錬金術として一世を風靡《ふうび》した。この錬金術はバブル崩壊で消え去ったかに見えたが、２０１３年第二次安倍政権下で実施された大胆な金融緩和策のおかげで蘇った。恩恵を被ったのは、２０００年代前半以降に都心部でマンションなどの住宅を買った人たちだ。

90年代後半から始まった東京一極集中は、東京の都心部に新たな住宅需要を創出した。超円高が東京湾岸部にあった製造業の工場をアジアなどの海外に追い払い、大都市法改正によって都心部の土地の容積率は大幅に引き上げられ、その土地の上に超高層マンション、いわゆるタワマンが建てられていく。そしてそれを喜んで買ったのが都心で働く共働き世帯だった。

さらに都心部のマンション価格を押し上げたのが、アベノミクスによる円安政策が海外の投資マネーを呼び込んだことだ。自国通貨が安くなることを喜んでいる国は世界を見渡しても日本ぐらいのものだが、「安いニッポン」につられてやってくるインバウンド（訪日外国人客）の喧騒に浮かれたのはつい2年前のできごとだ。

アベノミクスは企業と金持ちを豊かにしただけとの論説があるが、あながち間違った説ではない。日本企業が世界での競争から後れをとり国内に引き籠もって、大手企業間でマーケットを分け合い始めたことは先に触れたが、この間日本人の貧富の差は開くばかりとなった。金融資産で100万ドル以上を保有する日本人の数は300万人を超え、いっぽうで日本の相対的貧困率は約15％と国民の6人に1人が貧困に陥っている。

そのお金持ちたちが悩むのが相続対策だ。そのため相続財産の評価圧縮ができるマンション投資に勤しむことで、住宅価格はさらに上昇した。

こうした事象をどう考えるかである。昭和から平成初期までの値上がりはわかりやすい。日本人の人口が増え続け、都心部に人が大量に転入して住宅需要を常に支えてきたためだ。平成バブルはそうした状況下に、金融緩和というガソリンを注ぎ込んだようなものだった。そしてその崩壊は金融環境の変化によるレバレッジ（借り入れ）過多のバランスシートを直撃し、多くの日本人が家の含み損を抱えることになったのだ。

今回の値上がりもそうした意味では、都心、とりわけ東京一極集中による需要の下支えと金融のいたずらによるものといえる。また三大都市や地方の主要都市では、コンパクト化現象が生じて、都市周辺部から、主要都市中心部への人の移動が生じたことも原因の一つだろう。さらに安いニッポンを買いに来るアジアをはじめとした投資マネーも影響している。高齢富裕層が節税のために、現金をマンションなどの不動産に替える動きも高齢化が加速する社会ではより顕著になった。低金利を背景にローンを借りて資産額を圧縮することで相続税を安くしようとの動きも、見た目の不動産需要を牽引したといえる。

だがこうした金融という魔法の杖を使った景気の刺激策には常に限界がある。いつまでも低金利政策を続け、市場にマネーを供給し続けることは不可能であるからだ。自国通貨を安い状態に保つことは、一見すれば、輸出産業を潤し、日本経済の拡大に資するように思われるかもしれないが、その考えこそが昭和平成脳による価値観だ。日本はすでに「ものづくり大国」などではなく、輸入に頼る国だ。事実日本は多くの食料を海外から輸入し、輸出は中国などが作る工業製品の下請け、つまり部品を供給しているにすぎない。通貨が安くなることは、国際市場においての購買力が落ちることだ。輸入に頼る限り、今後日本では物価の上昇を避けることは難しくなる。年収が増えず、物価だけが上がっていく世の中では、当然だが人々の暮らしは厳しくなる。

それでも昭和平成脳で考えて、今までみんなが買ってきた家を買うのがあたりまえだという理屈は、今後は通用しない可能性が高い。そしてその歪《ひずみ》はすでに現実のものとなっているのである。

## 住宅ローン破綻――昭和平成脳による思考回路は通用しなくなる

アベノミクスによってマンションを買った人たちのうちの一部が儲かった。誰かがうまいことやって儲かったとなると、自分も参加してみたいと思うのが世の常、人の常だ。だが不動産を投資という観点からみると、そんなに簡単なものではない。ましてや自分が住む家で、大きな儲けを出そうというのは至難の業であることを、いまだ多くの人たちが理解していない。

まず、資産価値が上がった、上がったと喧伝《けんでん》する人たちには二種類ある。実際に儲けを享受した人と、含み益を見て喜んでいる人の二種類だ。

儲けを享受した人にも二種類ある。儲けを出して手仕舞った人と、儲けたカネで次の家を買って住んでいる人だ。

家という自分が住むための不動産では、買い替え続ける限り、たとえ儲けが出ても、そのおカネで、高くなった家を買うことになるので、こうした投資行動ではマーケットが永遠に右肩上がりを続けていくことを前提としない限り、この投資が最終的に成功だったとの結論にはならない。いったん利益を確保して手仕舞い、他の投資に振り向ける、あるいはしばらく賃貸住宅を借りて、不動産価格が下がった段階で買いなおすのであれば、投資スタンスとしては正解ということになる。こうした行動を家という自分が住む不動産で繰り返し、成功している人は実はそれほど多くはない。

では含み益をみて、ほくそ笑んでいる人はどうか。それは現時点におけるただの妄想でしかない。含み益は実現しない限りはなんの利益ももたらさないからだ。ところがこうした「夢を追いかける」ことが好きな人は世の中には多い。

不動産マーケットについてさして知見もないのに、みんなが買っているから値上がりするかもしれない、あるいはこんなに人気があるのなら大丈夫、早く買わないとなくなるかもしれない、これらの考え方は投資の世界では極めて危険な思考回路だ。

こうした考えのもとで住宅を買った人たちが、コロナ禍を契機に転落を始めている。多くの人は家を買う時に、自己資金は数百万円から1000万円程度。年収の7、8倍から十数倍もするような住宅を、夫婦ダブルローンなどで買っている。

今のローン延滞はコロナ禍で給料が減った、勤務先を解雇された、パート仕事がなくなったなどの理由によるものが多い。住宅ローンを目一杯借りて、家を買うことのリスクを事前に想定していないからだ。あまりに不動産と金融についてのリテラシーがなさすぎるとしか私には思えない。

家を買うという行動を不動産投資の観点からもう一度考えてみよう。私は不動産投資信託（J‐REIT）の代表をはじめ、不動産投資ファンド事業にも数多くかかわってきた。こうしたプロの目線からみて、不動産投資におけるローンの比率は、おおむね物件価格の40％、高くとも50％以内に収めることを信条としてきた。なぜなら投資には必ずリスクがつきまとうからだ。

不動産投資ファンドにおけるローンの返済原資はオフィスビルや賃貸マンションなどから得られる賃料だ。この賃料はマーケットの変化によって変動する。つまり収益が変化するからこの部分のリスクは投資を行うにあたって当然見込んでおく必要がある。住宅ローンでいえば、借入人がもらう給料が返済原資であるから、収入の増減を見込んでおくことを意味している。

さらに資産である不動産価値がどれだけ変化するか、リスクを勘案しておくことが必要だ。これはバランスシートで考えるとわかりやすい（図表①）。

自己資本比率をある程度保っておかないと、シートの左側である資産が目減りしてしまった場合に自己資本を痛める、つまり債務超過に陥ることになる。そのことを避ける意味

**図表①　不動産のバランスシート**

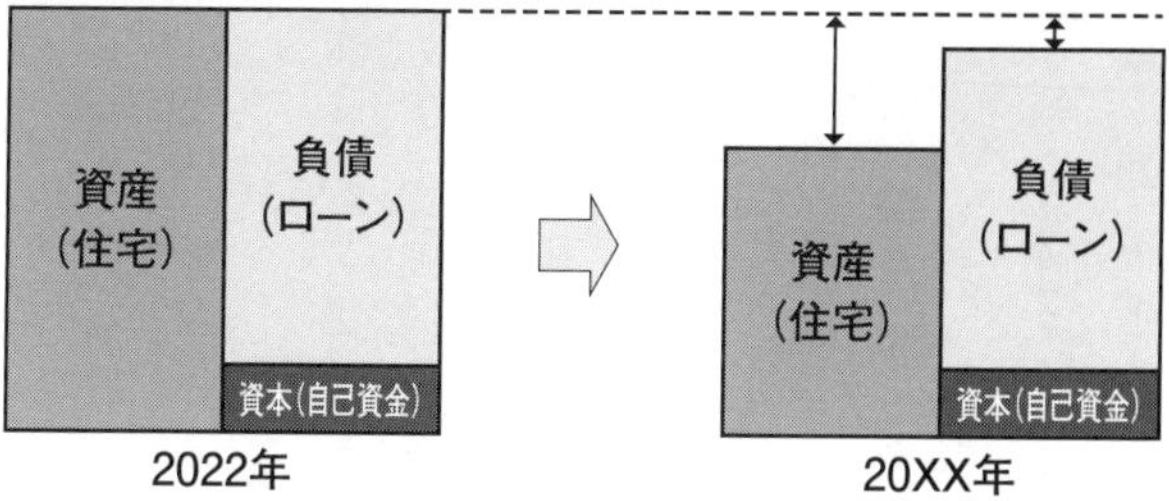


住宅ローンによる不動産投資はバランスシート上すぐに債務超過になる構造にある

である程度自己資本を分厚くしておくことが求められるのだ。

　住宅ローンでは自己資本にあたる自己資金はせいぜい10％程度だ。これはつまり資産価値が10％以上低下してしまうと、あっというまに債務超過状態に陥ることを会計学上は意味している。物件価格の低下とともに借入金の元本も減ってくれるのならよいのだが、そうは問屋が卸さないのが投資の世界だ。企業や不動産投資ファンドであれば、これはもう金融機関から危険信号が発せられ、ケースによっては融資金の全額返済を求められる事態になるのである。

　この投資の常識が住宅ローンの世界では見事に無視されている。いや、これまではそんなリスクを考えなくてもよかったのである。日本社会において、企業は終身雇用制度を設け、年功序列が守られて、歳を取るにしたがって収入が上がっていくのが常識だったからだ。投資の世界でいえば、賃料収入は安定しているどころか、年数を経るにつれ順調に上がっていくことが約束されていたことになるのだ。

またバランスシートで考えても、都心部の不動産は値上がりを続けているのだから、資産の部はどんどん膨らんでいくのだったら、自己資金（自己資本）が薄くても債務超過になったりはしない、と考えられてきたのだ。

ではこれからの日本もこの昭和平成脳の思考回路で生き続けていくことができるのだろうか。日本だけが世界の成長から取り残されつつある。安いニッポンは弱いニッポンを意味している。

そうした状況下で、今後日本人の賃金は伸びていくのだろうか。年功序列はすでに形骸化しているのが実態だ。それどころか雇用さえ保障されていないのではないだろうか。通貨安では、輸入に頼っている、生活に必要な食料品やモノの値段が今後大幅に上昇することを覚悟せざるをえない。デベロッパーがなんとなく吹聴する「マンションが年収の10倍、11倍でも、金利は低いし、税金のペイバックがあるから大丈夫」は今後も保証された話なのだろうか。税金などの特典がどんなにあったとしてもローンの元金が減るわけでは決してないのである。

ローン元金が気にならなくなるためには、今後も不動産価格が上昇を続けていくことが必須条件になる。安いニッポンを目指して海外投資マネーが日本の不動産を買い漁《あさ》ることを続けるかもしれないが、彼らが買うエリアは日本のごく一部にすぎない。移民政策を採用しない日本で、人口減少が今後激しくなることは確定している。東京一極集中がそろそろ薄れ始める中で、どんな期待をもって不動産価格が上昇し続けるとすればよいか、専門家である私から見ても、相当高度な投資判断が要求される問題だ。

流れや流行に乗っかって「私もひょっとしたら儲かるかも」などといった邪念で、思い切り背伸びをして家を買った人たちを迎えるのは、日本の今後の厳しい社会状況だ。おそらく多くの人たちがこの日本が置かれた厳しい環境を認識するまでには、少し時間がかかるかもしれない。小さな穴が大きくなり、全員が認識するまでに時間がかかるからだ。そしてそれまでの間に多くの住宅ローン破綻が現実の問題として社会を賑わすことになるであろう。

昭和平成脳が完全に否定されるまで、この悲劇は続くことになる。

## 不動産DXが世の中を変える

昭和平成脳で考えられてきた不動産は、財産、資産と直結したものだった。将来的にも価値ある不動産は当然残り続ける。しかし、産業が衰退、高齢化がすすみ、人口の減少し続ける日本で、多くの不動産はその価値を落としていく。言葉を替えるならば、多くの不動産がこれからは、その利用価値に根ざした消費財的なものに置き換えられていくことを意味している。

世の中は好むと好まざるとに関係なく、すべての産業領域で今後デジタル化が浸透していく。不動産業界はそもそもデジタル化が最も遅れた業界だった。不動産は個別性が強く、工業製品のようにデータ化がしづらいため、体系的な分析にはそぐわないとされてきたからだ。

だが、不動産業界にも確実にデジタル化の波は押し寄せている。それは、不動産売買においてネット上で重要事項説明ができるようになるといった、単なる業務効率化の話ではない。ネットと不動産を結び付ければ様々な新しいビジネスが展開できるようになることだ。

もうあまり使われなくなってしまった家を民泊に出す、シェアハウスに提供する、自家用車で通勤している家では、昼間に空いた駐車スペースを他人に貸し出す、使わなくなった部屋を倉庫スペースとして貸す、これらはオンラインを通じて広範囲の顧客に情報を届け、このサービスを享受したい顧客を捕まえるという、デジタル機能を縦横無尽に使いこなすことによって成立するビジネスの数々だ。

WeWorkのようなコワーキング施設は、オフィスというハコを専有せずとも、他社、他人と共有して使うことでオフィス賃借に関わる多額のコストを節減することに貢献している。これもある意味オフィスのDX化である。

「そのとき、その場所で、必要なスペースを利用する」という考え方の普及は、これまでの不動産=資産でこれを保有することに絶対的な価値がある、としてきた、これまでの不動産の常識を覆すものとなってきている。不動産はデジタルというテクノロジーを通じることによって、共有化、共同利用化するという新しい価値を見出《みいだ》し、流動化するのである。

不動産流通マーケットにも今後、デジタル化の波は押し寄せる。これまで不動産仲介の世界は単なる「経験」と「ドタ勘」の世界だった。あるエリアの中古マンション価格は、担当者の勝手な値付けでマーケットに登場してきていた。

「ああ、あのマンションなら、専有坪あたり250万円ですね。20坪（66㎡）ですから5000万円ってところでしょうかね。買いやすいように4980万円くらいで売りに出すとよいですかね」

不動産屋の担当者のこうした発言がいかにいい加減なものであるか。未来の不動産流通では、デジタル化することによるマーケット分析の進化で、まったく異なる査定になるはずである。

宅地建物取引業法によって不動産業者は手厚く保護されてきたが、オンライン上では、不動産を売りたい人、貸したい人と、買いたい人、借りたい人のマッチングアプリが続々登場している。宅建業者を通じなくとも、相対で合意できれば取引は成立するので、高い仲介手数料（これも業法で定められている）を負担せずとも、売買ができるのである。もっとも不動産は大きな買い物であり、また物件ごとに条件や内容が異なるので、免許をもち、仲介責任を負う業者の存在は不可欠だ。しかし、資産性という要素が崩れれば崩れるほど、物件に対する詳細な説明というよりも、デジタルで割り切って売買を行うゲーム感覚が優先されてくるとしたら、流通マーケットにも大きな変化が現れるだろう。

とりわけマンションは、規格が統一しやすく、点数化が容易であり、デジタル化がしやすい。これからの不動産流通マーケットでは、マンションを皮切りに価格付けが合理的に行われるようになる。具体的には同じマンションの中での部屋の位置や方角によって価格付けの基準が合理的に整理されて評価されることになる。不動産はリニューアルを行ってもその内容が中古売却価格にあまり反映されないと言われてきたが、これをＡＩなどで査定し、リニューアル箇所に高い点数を与えることで、反映させることが可能になる。

またこうした情報を修繕履歴なども含めてデジタル化、データ化することで、特定のマンションの特定の住戸を勝手査定して、売却を促すこともできるようになる。一般の人は日々不動産マーケットをウォッチしているわけではない。これを業者の側から仕掛けて売却の動機付けを行うなら、流通マーケットの活性化につながる可能性がある。

不動産投資においても、みんなが買うからだとか、儲けた奴がいるからといった不純な動機、世の中はこれからも同じような状況が続くから大丈夫、といった安易な楽観は排除され、冷静なマーケット分析と様々な角度からのリスク分析を通じて、投資額の決定やファイナンスのあり方、条件が決まるようになる。

これまでの資産性のみに着眼した不動産の流通や投資に対して、当該不動産を利用する人の立場に立脚した新たな価格査定を行う可能性も不動産ＤＸの世界は秘めているのである。

## 「令和検地」の必要性

不動産DX化の流れは、日本の不動産の実態を炙《あぶ》り出すものにもなりそうだ。検地である。検地と言えば豊臣秀吉によって1590年代に盛んに行われた太閤検地がある。秀吉が挑んだのは、領主に年貢を納めるのにあたって、土地の権利関係が複雑であったためにこれを整理し、それぞれの土地における納税者を定めていくということだった。

現代では不動産には登記簿制度があり、登記簿には土地や建物の所有者とその所有権に纏《まつ》わる、抵当権などの権利関係を記している。この登記簿は公開されていて、オンラインを通じて誰でも入手できる。ところが実際に取り寄せてみると、登記簿原本は全くデジタル化されてなく、PDFで登記簿を見ている状態になる。

登記簿の記載内容は意外に複雑だ。甲区欄では所有者が変わると、旧所有者の名前には線が引かれ抹消されている。また乙区欄では、抵当権などの権利関係が記されているが、たとえば、債務の額などが直接記載された普通抵当権と極度額が記載されている根抵当権では、前者においては金額自体が今も債務として貼りついているのか、どこまで返済が完了しているのかは読み取れない。また後者は、借り入れることができる極度額がわかるだけで、実際、限度額以内でどこまで借りているのかすら判明しない。

それどころか、過去に設定された抵当権のうち、借入金返済などで抹消されているものには、やはり線が引かれているが、どの金融機関の抵当権が抹消されていて、現在有効な抵当権の設定がどれであるのかは、いちいち登記簿上を、目で追いかけ、探し当て、確認しなければならない。そしてそれらの合計額を足し算していかなくてはならないのだ。

さらに厄介なのが、登記簿に記載される土地の表記には、普段郵便を届けてもらう、品物を配達してもらうために使用する住居表示と、それとは別の地番表示が併記されている。したがって一つの土地上に二つの番号表記があり、またこの番号が一致していないという状況にある。

また登記簿に記載されている土地面積と実際に測った実測面積は異なることが多く、土地売買においてはトラブルになることもある。どちらの面積を採用するかで全体の価格が異なってしまうことがあるからだ。

土地の評価額には4種類がある。毎年1月1日現在の全国主要拠点における地価を表示する公示地価は国土交通省発表、全国約2万か所の土地の地価について表示する都道府県基準地価は各都道府県発表、そのほか相続財産の評価のために用いる路線価評価は国税庁発表、固定資産税や不動産取得税を納めるために使われる固定資産税評価額は各市町村の発表、土地は「一物四価」と呼ばれるように、各省庁、自治体が勝手な値付けをしている。こうした価格付けの間の整合性のためにもＤＸが求められている。

特に不動産情報の根幹となる登記簿への登記は、あくまでも所有者の任意、つまり登記をしてもしなくてもよいことが、登記をしないで放置する問題につながっている。登記は第三者に対する対抗要件にすぎないことから、特に権利関係を強く主張する必要のない土地、たとえば親から相続した山林など、現在使う予定もないし、自身にとってあまり価値を感じられない土地などは、登記をしないのである。真面目に登記をすると登録免許税が課せられることからこうした負担を忌避する例も多い。

特に相続の際に登記をしないために、数十年も経過すると、登記簿を見てもその土地の真の所有者が誰であるのかが突き止められないケースが最近増えている。これが所有者不明土地問題である。所有者不明土地問題研究会の調べによれば、２０１６年における全国の所有者不明の土地面積は約４１０万haにも及び、その規模は九州全土（３６８万ha）を凌駕している。またこの状況を放置するならば、所有者不明土地は今後も増え続け、その面積は2040年には720万ha、北海道（780万ha）とほぼ匹敵する面積に膨れ上がることが報告されている。

こうした問題点の指摘を受けて、政府では2024年度までをめどに相続登記の義務化と、登記手続きの簡素化などを打ち出し、相続人が不要とする土地の国庫への帰属も可能とするなどの法整備も進めている。

そのためには、不動産情報をデータとして一本化して、土地の価値に対する考え方を統一していくことも必要だ。各省庁や自治体が勝手に定めるのではなく、土地に関する評価制度を一本化したり、所有者を把握するためにマイナンバーなどと連携していくことも必要である。

このほかにも、自治体ごとに不動産に対して定めている、土地の用途や容積率、建蔽率、建物の高さ、日影、道路斜線などに対する複雑怪奇な各種規制を、デジタル化することで明確にすることも実施できるようになるだろう。

不動産をビッグデータ化する作業を通じて、不動産という存在をもっとわかりやすいものに変えていくのがこれからの課題である。そしてそこから新しい不動産の未来が見えてくるのである。

第二章

# 民族大移動

## ——変わりゆく都市と街

## 自宅⇕会社の往復がなくなる新時代の到来

これまで多くの勤労者にとって「働く」といえば、仕事場所、サラリーマンでいえばオフィスに通勤することがあたりまえだった。勤労者は朝、オフィスに顔を出すことから仕事が始まり、夕方から夜にかけてオフィスを出て家路につくことによって仕事は終わった。

社員たちはオフィスという仕事場に集まることで、互いの所在を確認し合い、顔と顔を合わせることでコミュニケーションをとり、一緒になって働くことで仕事のパフォーマンスが出せると信じてきた。

マルクスが自らの著書『資本論』で言うように、労働者階級（プロレタリアート）は、自分の労働力を一定時間提供することで、商品を作り、その商品は資本家に帰属し、労働者は働いた時間に応じて生きていくのに必要な対価を受け取るものだった。つまり労働者にとって、働くためには、資本家階級（ブルジョワジー）が持つ生産手段＝オフィスや工場に出向き、自らの労働力を一定時間提供することが必要で、これが「働く」という意味だった。

コロナ前まで、我々がごくあたりまえだと思っていた通勤という行為は、このマルクスの定義する労働力提供のスタイルを連綿と踏襲してきたものだったといえる。

そして通勤をするために勤労者は、自らが住む地域を決めていかなければならなかった。高度経済成長期、地方から多くの若者が仕事を求めて、東京、大阪、名古屋などの大都市圏に移動してきた。中学を卒業したばかりの若い労働力は「金の卵」などと持ち上げられた。彼らは働く場所として用意されたオフィスや工場で働き、自らが住む場所は、当然のことながら会社に「通勤できる場所」に求めるという制約のもと住まいを選ぶことになった。

家と会社をつなぐのが鉄道だった。日本はアメリカとは異なり、狭いエリアに大量の人が集まってきて働くため、自動車ではなく鉄道が発達した。都心部にすべての勤労者が住むことは叶わなかったため、都心から郊外に向かって放射状に鉄道網が形成され、人々は、特に家族を持つと、少しでも広い家を求めて郊外に進出していったのだ。

こうした通勤形態を前提としてきた勤労者にとって、90年代後半以降、共働きがあたりまえの世帯構造になるにしたがって、夫婦ともが、自らが勤める会社になるべく近い家を求める傾向が強まった。特に小さな子供がいる家庭であれば、子供の保育所は会社の近くにあることは必須となり、夫婦のどちらかが子供の送り迎えをするためには都心部に居を構えることが絶対条件となった。国もこうしたライフスタイルの変化に対応して、都心部の容積率を大幅に緩和し、湾岸エリアなどで、超円高によってアジアなどの諸外国に移転した工場や倉庫の跡地を利用して超高層マンションが大量に供給されたのだ。こうした動きは、働くということは「会社に通勤することだ」という大前提が常に後ろ盾となっていた。

コロナ禍は、我々が信じて疑わなかった通勤をして働くという働き方を根本から変えてしまったことに、現在、さすがに異議を唱える人は少なくなってきた。20年4月にコロナ禍による緊急事態宣言が発令され、多くの企業でテレワークを余儀なくされたが、この年の秋ごろまでは、テレワークはあくまでも臨時的な「特殊な働き方」として多くの経営者はとらえていた。

だが長引くコロナ禍において、緊急事態宣言やまん延防止措置などが繰り返される中、企業では、仕方なく始めたテレワークの更なる継続を余儀なくされた。いわばテレワークの全国お試しキャンペーンをやり続けたようなものだ。人間という生き物は元来、柔軟性のある生き物だ。だからこそこの地球上で生き残ってきたともいえるが、このテレワークという働き方を、1年以上も継続訓練する中でその働き方というものをすっかりマスターしてしまったようだ。

そればかりか、業務の中でオンライン上でのやり取りのほうが効率的である仕事を発見し、業種や職種によってはテレワーク中心に切り替えてしまう動きが顕著になった。クラシカルな業種や企業、そして過去のやり方に拘《こだわ》り続ける経営者などの間には、「みんなが集まってこそ良い仕事ができる」だの「コミュニケーションはリアルでないとできるわけがない」などとテレワークを否定して、元の形態に戻ろうとする動きが今でも残っている。だがコロナ禍が収束を見せる中でも、多くの企業がテレワークという働き方をむしろ継続、推進していこうとするストリームはもはや抗《あらが》いようがないものとなっている。

通勤をせずとも、働くことができる、それどころか業種や職種によっては、テレワークの方が効率もよく、仕事のパフォーマンスも向上することが、コロナ禍における実験を通じて確認できてしまったことは、今後の我々日本人の働き方に大いなる指針を与えるものとなった。

そしてこのことは、働く場所として提供してきたオフィスというハコのあり方を根本的に問い直す機会を提供したといえる。オフィスのあり方を見直す動きはすでに顕在化している。東京都心5区の主要オフィスの空室率は悪化の一途をたどっている。20年2月には1・49％だった空室率は21年10月には6・47％。わずか1年半の間に5％近くも空室率は悪化している。

通勤がなくなることは通勤の足として成り立ってきた大都市圏の鉄道会社にも多大な影響を及ぼし始めている。すでにJRなどの主要な鉄道で列車の運行本数を減らす、終電時間を繰り上げるなど、これまで考えられなかったような対策を取り始めている。鉄道会社は今後、通勤に替わる新しい輸送価値を嫌でも考え、提供せざるを得なくなっている。

はじめのうちは「なに、たいしたことはないさ。コロナがなくなればそのうちコロナ前の状態に戻るさ」とタカを括《くく》っていたデベロッパーやゼネコン、鉄道会社の首脳も、こうした人々のライフスタイルの変化を真剣に考えるときが来ているのである。

## 「住む」場所選択の自由

働き方が変わるということは、これまで会社に通勤するために家を選択してきた勤労者にとって、家選びに大きな変化が生じることを意味している。会社への通勤を前提にしてきたこれまでの家選びは、会社までドアトゥドアで1時間以内。鉄道乗り換えは1回くらい。できれば最寄り駅から家までは徒歩7分以内、などと自ら条件をどんどん狭めていくのが基本的な思考パターンだった。

さらにこうした条件に加えて、マンションを資産と考え、将来的に値上がりするエリアと物件に絞り込むのもごくあたりまえに選択肢とされてきた。その結果生まれるのが「無理をする」ということだ。

都心部に近いエリアになるほど土地の価格は高くなる。そして高層マンションになると建築費も高くなり、新築分譲マンションであれば、分譲会社の開発経費などが上乗せされるので価格はさらに高くなる。

それでも会社への距離や最寄り駅までの距離を測り、さらに値上がりする可能性があるエリアという物差しを使えば使うほど物件価格はますます高くなる。

価格が高くなればこれを手に入れるために組む住宅ローンの金額も膨らみ、返済額も多くなる。毎月の負担を少しでも和らげようとすれば、期間が長くなる。本当に毎年支給されるかはわからない賞与での返済額をアテにするようになる。最後は老後の大切な生活資金であるはずの退職金で返済すればなんとかなる。これはすべて無理の塊だ。

ローン返済額が多くなれば日々の生活コストを削らざるを得ない。旅行や趣味に使うおカネも、家族で楽しむ外食に使うおカネもセーブしなければならない。仕事上のスキルを磨く、文化や芸術を楽しむことも我慢をしなければならない。かてて加えて、子供の教育費が年を経るごとにどんどん嵩《かさ》んでくる。これで本当に幸せな人生と言えるのだろうか。ましてやマンションの価格が本当に高くなって、売れば儲かるとなるのだろうか。そのことをひたすら念じて生きるだけの勤労者の人生はなにやらむなしいものに見えてくる。

それもこれも、すべてが会社に通勤することを前提とした家選びをした結果なのである。だが、必ずしも会社に通勤しなくとも働くことができるとわかった人から人生が変わることに気づく。自分の好きなところに住むことができるからだ。そして家というものに多額の費用をかけて、本来であればもっと豊かな人生が送れるはずのチャンスを無駄にせずにすますことができるのだ。

在宅勤務を続けて、自身がかなり無理を重ねて買ったマンションが、昼間そこで働いてみて快適な環境であると実感できた人は少ないのではないだろうか。平日に自宅周辺で、ランチをし、息抜きに散歩をして、自身が住む街が一日を過ごすのに楽しい街と感じることができただろうか。

逆に会社に通勤することを前提にしなければ、そして一日を快適に同じ街で、働き、寛《くつろ》ぎ、遊ぶことを前提にするならば、自分はどこに住むことがハッピーなのか考えた人も多いはずだ。

これからの勤労者の少なくとも一部の層は、通勤のための家選びから解放されていく。住む場所の選択の自由を得ることになるのだ。このことは、マルクスが定義したような資本家階級の用意した生産手段であるオフィスに毎朝出向いて、自らの労働力をその場所で提供し続けなければ、労働による対価を得ることができなかった労働者階級の働き方を、これからの世の中では、する必要がなくなったことを意味している。

このことはこれまでの固定的な労働概念を根本から変革する動きと言いかえることもできる。会社で上司の顔色を窺い、周囲との協調にも気を配りながら会社組織にどっぷりと浸かって生きてきた多くの勤労者の価値観を変えるものとなるからだ。

在宅であれ、周辺のコワーキング施設であれ、スタバのようなカフェであれ、自らが自らの時間割に則《のっと》り、自らが好む仕事をやっていく。自主性の高い仕事がテレワークとして認知されることで、自分が働く会社という組織の拘束から自由になっていく自分にも気づくことになる。

そうした場合、人はどこに住むことを志向するのだろうか。少なくとも駅からの徒歩距離だとか、鉄道でのアクセスの良さだとか、ましてや会社までの通勤時間などという選択肢はハナから優先順位の上位には来ないはずである。

働き方の変革が徐々に世の中を変えていくということは、家という不動産のあり方を根本から変えていくものとなる。家がただ単に帰宅して休むためのものから、生活そのものになり、自分が住む家のある街を、自分が一日を過ごすための新たな舞台＝ステージとして考えることになるからだ。

そこには家の資産性に対する意識の変化も当然織り込まれていくことだろう。なぜなら通勤という大前提が覆されているからであり、そこに全く新たな価値観が醸成される可能性が高いからなのである。

## 平日と休日を住み分ける二拠点居住

住む場所の自由化は、いきなり実現するものではない。すでに完全にテレワークのみで仕事を行うことができている人は、現状ではまだまだ少数派だ。コロナ禍とは関係なくテレワークを推進している企業でも、週1、2回の通勤、あるいは月数回の通勤を命じているところが主流だ。

しかし、月数回通勤するほかは、自宅や自宅周辺のコワーキング施設などで働くことを考えるのならば、何も大きな住宅コストを負担して、会社近くの都心部に住む必要はなくなる。これからの勤労者の住まい方は、都心で働くときは会社近くのワンルームや1LDK程度の賃貸マンションに住み、休日は郊外の一戸建てに家族と住むといった二拠点居住がすすむだろう。あるいは通勤したときだけビジネスホテルに泊まるということも選択肢になりそうだ。

都心のマンションは高いから、二拠点居住なんてできるわけがない、と思った読者が多いかもしれない。だが不動産の未来は今のあなたの思考回路とは大きく異なるものになっている。都心部にあるワンルームマンションはこれからの日本ではほとんど全く無価値のものとなっている可能性が高い。借り手がいないのだ。もともと所得税対策として平成時代に多く建設されたワンルームマンションの多くは、若年人口の減少と、その後の新築ワンルームマンションの供給過多で、出口を失った状態、つまり売れない事態に陥っている。

平成初期などにワンルームマンションを買ったオーナーの多くは高齢化している。もともとサラリーマン時代に、マンションを買って、金利や維持費用を経費計上して赤字を作っておけば、所得税が節税できるというのが謳《うた》い文句だった。だがすでに定年退職して、収入はわずかになり、節税効果はなくなっている。

ワンルームマンションを借りるのはおもに若い世代の独身者となるが、この世代の人口は年をおうごとに減少している。さらに若い世代ほどテレワーク中心の働き方に適応できることから、需要は減少するばかりとなる。とりわけ築年数の経過したマンションは、マーケットでの存在価値を失いはじめ、外国人需要や資産を持てない貧しい高齢者などに貸されるようになるのは自明の理である。

借り手が圧倒的に有利になってくれば、かなり安い賃料でこうしたワンルームや1LDKクラスの賃貸マンションを借りることは容易になると見込まれるのだ。

また今後の大量相続時代を迎えて、親が住んでいた戸建てやマンションが、売却や賃貸に大量に出回ることも予想される。家族で平日は都心賃貸、休日は自然豊かな郊外と住み分ける家族も出てくるだろう。

ビジネスホテルでの連泊や中長期利用もリーズナブルに利用できるようになるはずだ。答えは簡単だ。コロナ禍で逃げてしまった宿泊需要の一部が戻ってこないからだ。テレワークの普及は、ビジネスホテルの需要に暗い影を投げかけている。これまであたりまえだと思われていたビジネス上の出張が今後は大幅に減少することが予想されるからだ。

大きな会社で毎月のように実施されていた本支店長会議だの、業績報告会だの、営業所廻りだの、慣例化していた会合、報告するだけの会議などは、そのほとんどがオンライン上で済ますことができることに多くの企業が気づいている。その結果として、不要不急の出張はなくなり、企業は交通費や交際接待費、福利厚生費の節減ができるようになる。ビジネスホテルの多くは、コロナ禍後に戻ってくる観光客に頼らざるを得ないが、観光地に縁の少ないホテルでは、今後も経営に苦しむところが出てくると考えられる。

空いた部屋は、テレワーク用にデイユースを続けるだけでなく、低廉な料金での中長期滞在プランを各種用意するようになるだろう。つまりビジネスホテルの賃貸住宅化がすすむのだ。

これからの勤労者は、都心の高いマンションを一生かけて返済しなければならない多額の住宅ローンを組んで購入する必要はない。郊外の住宅地でも大量相続が発生することで、売却や賃貸に供される物件が、不動産の未来においては激増する。多くの戸建て住宅で1000万円も出せばまずまずの状態の物件を購入することができるようになる。またマンションであれば数百万円、ちょっとよい車一台分くらいの価格で手に入れることができるようになる。

こうした時代は実はすぐ目の前、早ければ5年後、遅くとも2030年を迎える頃から顕著になる。考えても見てほしい、2030年には今、世代的に最も大きなボリュームゾーンを形成している団塊世代（１９４７～49年生まれ）が80歳を超えているのだ。

ここ5年くらいの間に多額の住宅ローンを組んだ人にとって、２０３０年はまだ返済半ば。その時にこれだけの価格変動と人々の行動変容に対して、あなたが買った、資産価値の高いはずのマンションは相変わらずその価値を保ち続けているのだろうか。

## 共生社会が始まる、多拠点生活実現の可能性

二拠点居住の延長線上にあるのが、多拠点居住だ。二拠点居住は、自分の本拠地プラスアルファで、会社の近くでマンションを借りる、あるいは別荘を所有するなど、昭和平成の働き方からそれほど逸脱した世界の話ではない。

ところが多拠点居住となると、働き方そのものが変わり、もはや都心部のオフィスからは離れ、パソコンなどの端末を持ってさえいれば、「好きなときに」「好きな場所で」「好きなことをする」という、かなり自由な生き方を標榜《ひょうぼう》する世界となる。

この考え方に基づけば、もはや家の資産価値というものとはほとんど無縁の世界になってくる。つまり家はあくまでも生活を行う上での単なる拠点、あるいは舞台の一つにすぎず、人は日本各地、興味が赴くままにその地での生活をつまみ食いすることができるよう

になる。

松竹映画「男はつらいよ」は日本映画史上最多の48作（特別編等を含めると50作）を数えた人気作品だが、主人公の車寅次郎、通称「フーテンの寅」は、実は多拠点居住者だ。作品内では常に日本中を旅行してまわっていることになっているが、滞在期間は長く、妹のさくらがいる東京・柴又にはあまり帰ってこない。寅さんの旅は、「観光・旅行」以上、「移住・定住」未満である。寅さんは定職を持っていないように見えるが、香具師《やし》という職業を持ち、街頭や縁日、祭礼などで露店を出し、小物をたたき売るのが商売だった。いわば、彼は時代を先取りした生き方＝「好きなときに」「好きな場所で」「好きなことをする」をすでに昭和の時代から実践してきたことになる。

多拠点居住は、多くの家を多くの人が必要なときに好きなように利用するという考え方に基づくものだ。こうなってくると、それぞれの家は、資産価値に則った存在ではなく、限りなく利用価値に則った存在になる。フーテンの寅さんにとって、旅先で住む家は利用しているだけであって、資産価値のある、なしは一切関係がないはずだ。

私自身、現在、全国渡り鳥生活倶楽部という会社組織を立ち上げ、日本中の素敵な家を借り上げて、これを全国渡り鳥生活倶楽部という会員制組織の会員に貸し付けているが、このアイデアも実は寅さんの生き方に倣ったものだ。

実際に私たち倶楽部の借り上げているハウスを利用する会員の多くは1か月から長い会員になると半年以上滞在してハウスのある街やその周辺での生活を楽しんでいる。彼らの多くは東京で仕事を持っているが、今やパソコンさえあれば、日本全国どこにいても仕事のほとんどをこなすことができる人たちだ。そんな職種の方々から、渡り鳥生活をすでにスタートさせている。この形態はもはや観光とか旅行といった類のスタイルでは説明ができない、まさに新しいライフスタイルと呼べるものになっている。

渡り鳥ハウスは各地に散らばる素晴らしい家ばかりである。オーナーは地域の名士、企業オーナー、医師や弁護士といった、いわゆる富裕層だ。この仕事をしていて痛感するのが、富裕層の方々はその多くが複数の不動産を所有していることだ。そうした家が全国渡り鳥生活倶楽部に次々と提供されてくることに、私自身が驚いている。

不動産は昭和平成時代においては富の象徴ともいえる存在だった。現金で持つよりも不動産にしておくほうが、値上がりするとか、相続の時は評価額が時価よりも低く評価されるので、資産を防衛しやすいといった理由で、彼らは多くの不動産を所有した。

だが世代交代がすすむにつれて、祖父母や親が持っていた不動産を受け継いだ子供や孫はその取り扱いに苦慮し始めている。最たる事例が別荘である。別荘は成功者の証ともいえるもので、富裕層の多くは週末やゴールデンウィーク、夏休みなどを過ごす場所として別荘を所有した。だが、一年の間で別荘を利用するのはほんの数週間程度。使い勝手のわりに敷地内や建物の維持管理には膨大な額がかかる。行くたびに掃除をすることから滞在がスタートする。滞在中に自炊するのも面倒である。そして毎年確実に請求が来る固定資産税などの諸税。別荘の多くが高原や海辺などに立地するため、築年数がすすむと木造の家などの傷みは早い。子供や孫の代に承継されると、別荘はもはや資産でないどころか、維持管理費用を負担するだけの負債と化している。

複数の別荘があったところで身は一つ。同時に複数に滞在することが叶わないのは、高級外車を何台持っていても同時に二台を運転できないのと一緒だ。

別荘だけの話ではない。地元に残る実家や別宅はすでに老朽化が始まっているだけでなく、今さら売却しようにもマーケット自体が成立しなくなっている地域も多い。富の象徴であり、家の資産形成の一助となっていたはずの不動産が一族にとっての厄介ものになっているのだ。

だが、自分たちにとって厄介ものの家も、これを多拠点居住の拠点として利用できるようにすれば、役割を終えたかに見えたこれらの家々が輝きを取り戻す。これこそが資産の共用である。

マルクスは資本家の資産が開放され、労働者も等しくこれを利用できるようにする社会の創設を唱えた。現在、資本主義の世の中にあっても社会の激しい二極化が進むにしたがって、富裕層から税金を取れ、金融資産に対して課税せよ、所得税の累進性を強化せよ、といった議論が喧《かまびす》しい。だが、富裕層にも悩みは多い。むしろこうした昭和平成型の思考回路で形成された資産を多くの人で利用させてもらう、シェアさせてもらうことを目指してみてはどうだろうか。

多拠点居住は、実は今世界が目指す持続可能社会実現のためのひとつのツールになりえる存在なのである。

## 郊外衛星都市で伸びる街、見放される街

不動産の未来は、人々の行動パターンの変容と、それに伴って家選びの場所が変わる、家に対する価値観が変わる未来を意味している。その変化の線上に、多くの団塊ジュニアたちが育ってきた郊外衛星都市は、ポジションを確保できるのだろうか。

日本における衛星都市は、欧米などで発達した衛星都市（Satellite City）とは異なり、現状ではベッドタウンに過ぎないものが多い。つまり衛星都市の中に働き場が少なく、この街に住む多くの人々は、衛星都市の中にある鉄道駅を利用して、東京などの大都市に通勤するという生活スタイルをとってきたのがこれまでの衛星都市の歴史だ。

ところが通勤が必ずしも日常でなくなる未来では、衛星都市の存在意義が問い直されることになる。一日の多くをすごす都市として、人々の支持をとりつけることができるのかということだ。衛星都市に持続可能性が問われていると言い換えてもよいかもしれない。

現代の多くの衛星都市の姿はおおよそ次のようなものだ。街の中心部に、東京などの母都市につながる鉄道の駅がある。あるいは同じく母都市につながる国道や高速道路がある。駅には駅ビルがあってJRや私鉄ブランドの大型商業施設が、駅前にはドラッグストアやクリニック、飲食店、物販店、学習塾などが入った小ぶりのビルが立ち並ぶ。

朝は多くの通勤客が駅へと歩みを速めて通過するだけ。昼間は専業主婦たちの買い物、夕方以降は帰りがけに立ち寄る通勤客による買い物や、学習塾に通う生徒たち、その送り迎えの親たちなどが集まる、そんな姿が日常だった。

休日といえば、買い物に家族連れやカップルの姿が増える、商業施設内でランチやディナー、シネコンで映画を楽しむ、カフェで語らう。そんな程度だ。

だが、未来の衛星都市の姿はこれまでの日常とはおおいに異なるものとなる。まず東京などの母都市に毎朝通勤することがなくなる。基本的に自宅または衛星都市内に設けられたコワーキング施設で働く。コワーキングであるから、同じオフィス空間内でもそこに集まる人々の会社や職業は千差万別だ。唯一の共通点と言えば、同じ我が街に住んでいるということだ。

また未来において夫婦共働きは、もはや常識である。同じコワーキング施設内で、夫婦がそれぞれ違う仕事を行い、早く仕事を終えたほうから子供を迎えに行く、買い物をすませておく、あるいは台湾などのアジア諸国と同様に、自炊はせずに、夫婦が子供連れで毎夕外食する、などというのが日常になる。

これまでは母都市、東京に出向き、会社という組織体の中で働き、同じ組織内の人間とだけつきあうために、仕事帰りに同僚と酒を飲む、食事をするという、所属する会社にどっぷりと浸かった生活パターンだったが、それが消滅する。

衛星都市の未来は、生活する人々の行動パターンが変わり、人同士の付き合い方が変わることが前提になる。街中を歩く多くの人たちが、平日でも夫婦単位、家族単位の行動が増え、これに対応したオフィス・商業機能、サービス施設の展開が求められるのだ。また会社という組織を離れて、街に滞在して、同じ「我が街」に暮らす者同士でコミュニケーションをとるようになると、初めて衛星都市に対して愛着がわき、ロイヤルティが生まれるようになる。

これまで衛星都市という存在は、そこで暮らす人々のすべてが点であり、その点が鉄道を利用して衛星都市と母都市＝東京を行き来するだけのものであった。未来の衛星都市は、そこに暮らす人々が毎日集い、働き、学び、遊ぶという面展開に変容してくるのだ。

現在の衛星都市が、すべて新しい立ち位置に立つことは難しい。インフラが整い、多くの我が街を愛する人たちによって支えられ、新たな価値を創出していく都市がある一方で、街に住む誰からも評価されず、もっと居心地のよい街を求めて出ていかれてしまう都市もあり、今後は激しく二極化していくだろう。

ポイントとなるのはこれまでの成功の方程式、ものさしが通用しなくなるということだ。都心部までの時間距離だとか、乗り換えのしやすさだとか、駅までのアクセスの良さだとかの優先順位は相対的に下がるだろう。いっぽうで、家族やカップルが朝な夕なにどこででも集まれる場がある、カップルや家族、同じ趣味を持つもの同士、同じ町内の知り合い同士が気楽に立ち寄れるような飲食店がある、公共施設や医療機関などの社会的インフラが整っている、大地震や台風などの災害に強い体制が構築されている、高度な情報通信網が整備され、生活を支える金融やサービス機能が整っているなどが選択肢として重要視されてくるだろう。

こうした新しい社会インフラを備え、毎日生活するのに愉しさ、豊かさを感じることができる衛星都市が出現し、この街を愛し、一度出て行っても再び戻ってくる人々によって支えられる「ふるさと」になる、これが衛星都市の未来だ。

## 地方で輝きを放つ街になるための3条件

地方都市の未来形はどうなるだろうか。結論からいえば、かなり多くの街が衰退というストリームから逃れることができないのが現実だ。人口の高齢化と少子化はすでに何十年も前から叫ばれ、自治体消滅、地方の危機と呼ばれ続けたが、結局国も、多くの自治体も、この課題に対しての明確な処方箋を描くことができなかった。

安倍政権で掲げられた地方創生もそのほとんどが、補助金頼みの思い付きの策が繰り返されるだけで、そこで利潤を得たのは一部の利権絡みの人たちとその利権に貪りついたインチキコンサルタントたちだけだった。

インバウンドで息を吹き返したかにみえた観光地も、コロナ禍でその需要が一気に消滅すると、街には再び閑古鳥が啼《な》き、需要を当て込んで事業拡大した多くの業者が苦境に陥った。彼らが結局すがるのが、国からの補助金やＧｏ Ｔｏと呼ばれる、モルヒネのような一時的な需要喚起策だけである。もともと観光客の落とすおカネで潤うのはホテルや旅館、飲食店、土産物業者だけと言われる中、同じ街の住民の間でも「ほらみたことか、バブルに踊っただけ」といった冷めた視線が飛び交っているのが現実だ。

東京と同じように便利さを求め、東京と同じブランドのお店を並べ、「東京並み」の生活を追い求めてきた多くの地方都市に、結局人々が愛着を抱くことはない。東京に似せて作った街であるならば、本家本元の東京に行くほうがはるかに豊かで快適な生活を送れるからだ。

だが、多くの人々にとって東京が本当に憧れ、自らの欲望や願いを実現できる街であったのかは疑問である。地方から東京に出てきた多くの人々が理想と現実の狭間に思い悩み、不安定な仕事と、恐ろしく高い生活コストに心折れてしまう姿も目立つようになった。今さらながら地方に舞い戻っても、満足な仕事はない、若者の数は少なく、結婚しようにも相手の選択肢も狭い。出戻りは地元から後ろ指をさされる。

では日本の地方都市に未来はないのだろうか。地方人に限らず、今や東京っ子ですら、東京での生活に疲れ始めている。正規社員、年功序列で終身雇用が約束されてきたこれまでの時代と異なり、世帯年収は95年をピークに大幅にダウンしてしまった。にもかかわらず首都圏での新築分譲マンションの平均価格は95年には4148万円であったものが、2020年には6083万円と、この四半世紀の間に46・6％も値上がりしている（図表②③）。

これから始まる未来は、先述したような生活コストの高騰だ。いっぽうで通勤を前提としない働き方が市民権を持つようになれば、何もただでさえ生活していくのが苦しい東京に拘る必要はなくなる。地方都市に対する見直しが行われる理由がここにある。

では、「自然が豊か」「食べ物がおいしい」「人情がある」だけで、地方都市が東京から脱出してくる人たちの受け皿になる資格はあるだろうか。あいにく、日本はほぼどの地方にいってもこの3条件をすでに満たしている地域は山のようにある。

地方都市の未来は次に掲げる新たな3つの条件を揃えることだ。ひとつが絶対のキラーコンテンツを持つことだ。神奈川県の湘南エリアは今、東京生活から脱して、居を移す人

## 図表② 世帯年収（中央値）の推移

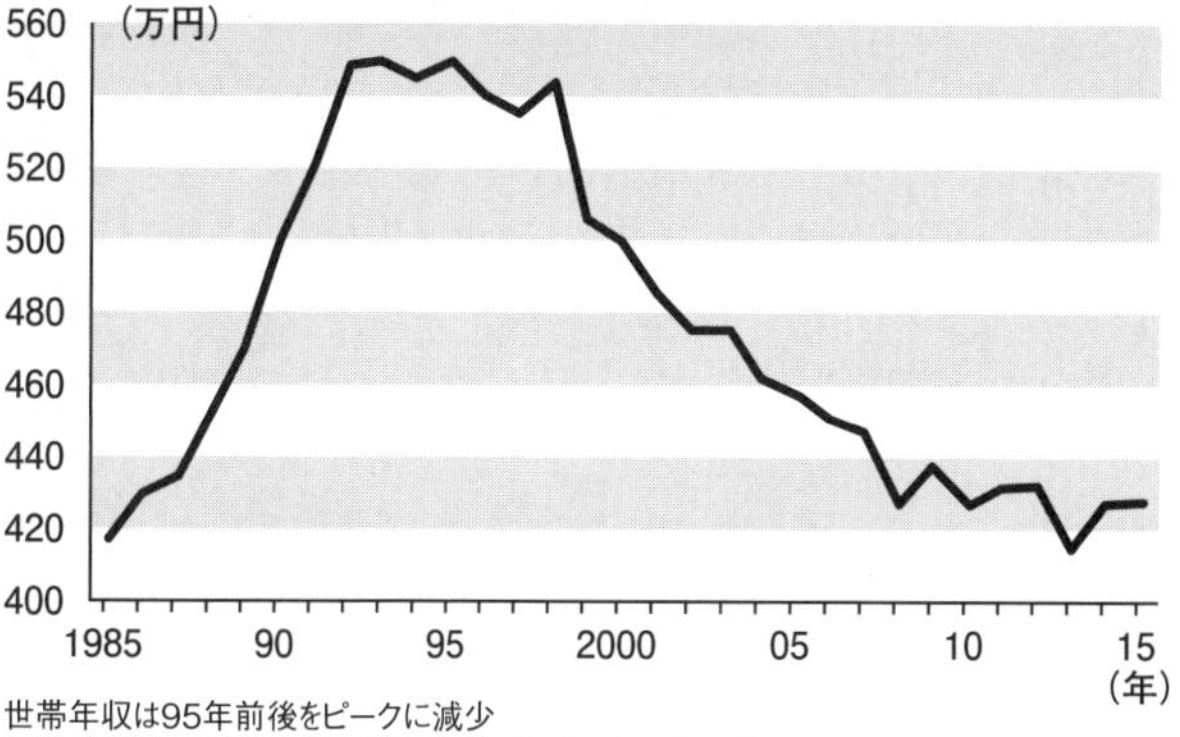


世帯年収は95年前後をピークに減少
出所：厚生労働省「2019年国民生活基礎調査の概況」

## 図表③ 首都圏マンション価格推移
（1都3県:2007年〜20年）

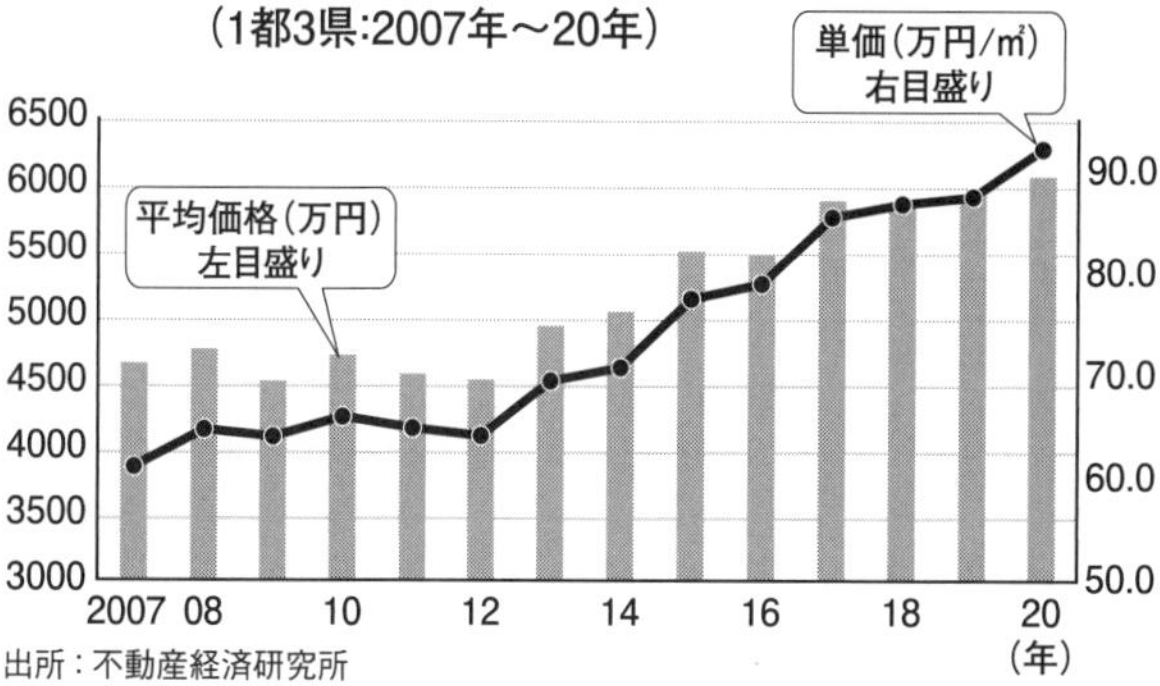


出所：不動産経済研究所

が多い人気エリアだ。このエリアの絶対的価値は、南に向けて大きく開けた（一日の大半が陽光に輝く）海岸線と、江の島、えぼし岩、富士山という景色における唯一無二のキラーコンテンツがあることだ。ヨット、サーフィン、フィッシングといったマリンスポーツはもちろん、この海を愛でるためのあらゆるコンテンツが集結している。お洒落《しゃれ》なカフェやバー、飲食店。なんにでも「湘南」とつければ売れてしまう強力な食品ブランド。そして湘南を褒めたたえるサザンオールスターズやTUBE、湘南乃風といったアーティストたちの存在。コンテンツは複合され、人々の憧れを醸成する。

ふたつには地元人とよそ者がフィフティーフィフティーでつきあえる対等性だ。日本の中ではべつに東京人だけが偉いわけではない。だから東京を押し付けられても「へー、東京ってそうなんだ」といえる対等性だ。地元愛の強い街では、東京は東京、地元は地元で、決してへりくだることもなければ、逆に我を張ることもない。またよそ者はよそ者としてちゃんと受け入れる寛容性を持っている。そしてこれは外国人に対しても同じように受け入れることができる柔軟性だ。こうした「敷居の低さ」と「受け入れることができる度量」が、地方都市の未来を描く。地方愛とは自分の地域のものだけを愛でるものではない。それは勝手宗教のようなもので、多くの人の共感を得るのは難しい。他者の価値も認めつつも、おのがものとの対比ができ、よいものは取り込んでしまう、この柔軟性にこそ、人を集める魅力が秘められているのである。

そしてみっつめには、一日、ひと月、一年の生活シーンが街の中で循環できるということだ。東京や大阪といった大都市に寄生するのではなく、街の中で暮らしていくすべての機能が備わっていることだ。これまでは、なかなか叶わなかった条件だ。つまり街の中に十分な「仕事場」がなかったからだ。ところが未来は、「働く場」は自宅内であり、街中にちょっとしたコワーキング施設があれば、働く会社の籍は東京にあったとしても、その日、その月、その年をすべて、同じ街で暮らすことができる人々が圧倒的に増える。街内循環が確保され、たとえ街を出ていく人があっても、もっと大勢の人が街にやってくる、人の新陳代謝が確保できる街になることができれば、必ずしも有名観光地である必要もなければ、作るのにいくらかかったのかもわからない、変なゆるキャラに頼らなくても、人は集まり、地域、地方を愛するのである。

## 富裕高齢者と高等遊民の時代

日本銀行の発表によれば、2021年9月末現在の個人金融資産残高は1999兆円。

この額は年々伸び続け、この書が世に出る頃には2000兆円を超えるものと予想されている。また、金融広報委員会の調べによれば、2人以上の世帯の平均貯蓄額は1436万円、中央値は650万円。資産残高の大きさと世帯貯蓄額中央値との間には大きな違和感を覚える人々が多いのではないだろうか。おカネは完全に偏在しているのである。

野村総合研究所は2019年に、世帯として保有する預貯金、株式、債券、投資信託、一時払い生命保険や年金保険などの金融資産から負債を控除した、純金融資産保有額を算出した。その結果、純金融資産額1554兆円のうちの2割以上の333兆円が、全世帯5402万世帯のうちの2・5%、132・7万世帯で保有されていることがわかる（図表④）。

戦後75年、四半世紀で一代が資産を形成するとするならば、三世代に及ぶ結果として、金融資産の偏在が顕著になっているのが現在の日本だ。

金融資産は現状では60歳代あるいは70歳代といった高齢者に偏っているのも特徴だ。2人以上の世帯の平均貯蓄額は1786万円、中央値は1000万円である。高齢者世代には金融資産を保有しない世帯も多いので、これらを考慮しないで金融資産保有世帯における平均貯蓄額をみると、その額は2208万円、中央値でも1394万円に達する。

## 図表④　純金融資産保有額の階層別にみた世帯数と保有資産規模（2019年）

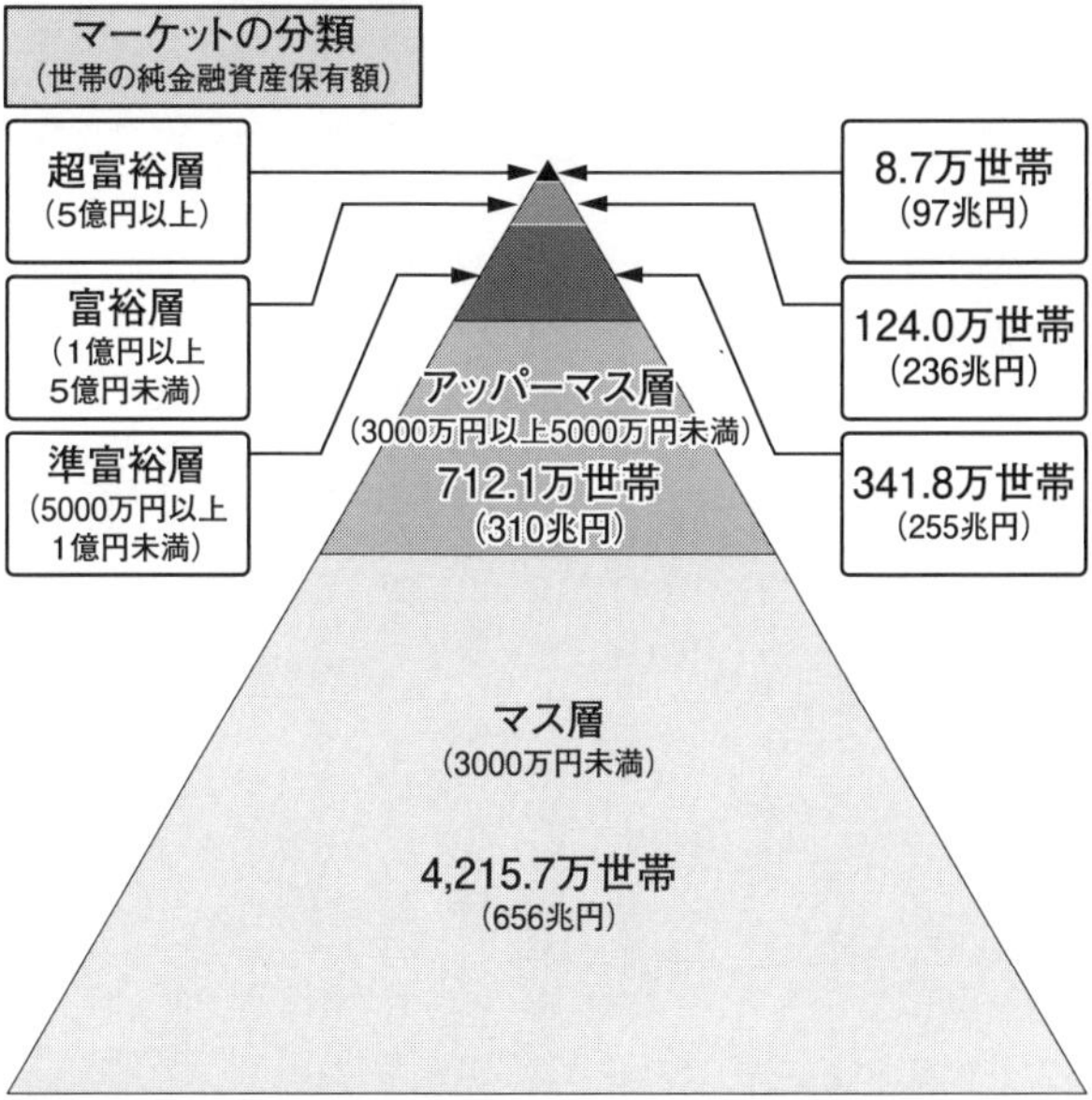


| | 保有額（兆円） | 割合 | 世帯数（万戸） | 割合 |
|---|---|---|---|---|
| 超富裕層 | 97 | 6.2% | 8.7 | 0.2% |
| 富裕層 | 236 | 15.2% | 124.0 | 2.3% |
| 準富裕層 | 255 | 16.4% | 341.8 | 6.3% |
| アッパーマス層 | 310 | 19.9% | 712.1 | 13.2% |
| マス層 | 656 | 42.2% | 4,215.7 | 78.0% |
| 計 | 1,554 | | 5,402.3 | |

出所：野村総合研究所
（国税庁「国税庁統計年報書」、総務省「全国消費実態調査」、厚生労働省「人口動態調査」、国立社会保障・人口問題研究所「日本の世帯数の将来推計」、東証「TOPIX」および「NRI生活者1万人アンケート調査（金融編）」「NRI富裕層アンケート調査」などから野村総合研究所推計）

日本人が持っているおカネが高齢富裕層に偏在している実態は、こうしたデータが雄弁に物語っている。

アベノミクス以降、首都圏における新築マンションの供給量は年間で3万戸前後にまで落ち込んだものの、平均販売価格が伸び続けた大きな理由がここにある。相続を心配し始めた高齢富裕層が、節税対策としてマンションを買い求める傾向が強まったためだ。節税対策であれば、価格はあまり関係がない。相続の際の資産評価額は土地が路線価ベース、建物は固定資産税評価額で評価されるために、時価とは一定の乖離《かいり》が生じる。その差額が大きければ、時価相当の現金を持つよりも相続税額が低くなるのは自明の理だ。これに借入金をつければ、借入金残高も全体の相続財産評価額から控除できるのでますます税額は安くなる。

現金で持つよりも不動産で持っているほうが得、この昭和平成脳による相続対策が横行したのが、これまでの不動産の世界である。そして彼らは残り少なくなった命を気にしながら、築き上げた財産の承継に今後も不動産を活用するであろう。

マンションを売る側もこのあたりの事情をよく理解している。特に首都圏近郊に農地を持つ都市農家といわれる地主たちは、現在でこそ自らが保有する農地を生産緑地に登録することで固定資産税の大幅な軽減を受けているが、農業という職業が子供や孫に承継されなければ、やがては農地を宅地化しなければならなくなる。相続税は莫大な金額になる。なるべく時価と相続税評価額の乖離の大きい都心マンションを買えば、その対策になると不動産業者たちは彼らの耳元でささやくのである。

これから先の未来は、残されたこの多額の金融資産と不動産の承継である。継承するのは残念ながらお金が最も必要な若い世代ではない。日本の高齢化社会は相続する人たちまで高齢化するのである。現代では平均寿命からいって、80歳代後半から90歳くらいの人に相続が起こるのが通常だが、この世代の子供はだいたい50歳代後半から60歳代である。社会においてもっとも活発に消費し、人生を形成していく層ではなく、すでに人生の道筋が相当に見えてきた人たちだ。

したがってこれらの資産を受け継いだ人たちが、今さら耐久消費財の購入や生活用品などの消費に多額のおカネを使うかについて、あまり期待はできない。だがこれまでとは質の異なる需要を社会にもたらす可能性がある。多額の資産を継承した彼らは、果たしてこれ以上会社などの組織であくせく働き続けることを選択するだろうか。

勤めていた会社は早期退職して、親から受け継いだ財産で悠々自適に遊び廻る人たちが増えてくるのが日本の未来だ。確実に起こる階級社会なのだ。彼らは高級なマンションを買うかもしれない。投資用不動産にも興味を示すだろう。リゾートで暮らし、高級ホテルを自在に使いこなすだろう。これまでの富裕層よりもちょっと気取った、ソフィスティケートされた新たな階級を形成するはずだ。

いっぽうで、若い世代においてもクラシカルな産業で真面目にサラリーマンを勤めるような働き方には別れを告げ、自らのＪＯＢ能力を売りに、サラリーマンよりも多くの収入を得る人たちが増加するのも日本の未来だ。この中から出てくるのが、自らの時間割で自らの意思で自由に働く人たちの誕生だ。オフィスなどというハコに閉じ込められることもなく、リゾートのある海辺で、高原で、時には洋上のヨットの甲板で、優雅に過ごしながら働く人たちが出てくる。

富裕層同士の交流の場も増えるだろう。社交場的なクラブも多く誕生するだろう。良い悪いは別にして、この先の未来には確実に階級社会が訪れるのである。こうした人々は一部が遊民化して、国内外で遊びまわることになる。未来は高齢富裕層と高等遊民の時代になる。

世界史を紐解けば、こうした階級格差がやがて革命につながった例は多いが、これまで外部からの強い圧力が加わらない限り自己変革が進まなかった日本は、果たしてどんな未来を創り出すのだろうか。

## 芸術とエンタメの街になるTOKYOの新しい顔

高齢富裕層の潤沢な財産を受け継ぐ人たちが数多く発生するのが首都東京だ。東京はこれまで多くの地方出身者を受け入れてきた。そして転入してきた人々が働くオフィス、住む家を大量に提供し続けてきた。その結果、東京は働く人々の街となった。

いっぽうで東京は無味乾燥な街になった。戦後から昭和40年代頃までの東京には多くの街に「街の臭い」があった。私が育った中央区明石町は隅田川が近く、朝や夜になると、隅田川やそれに連なる運河から海風に乗ってドブの臭いが漂った。千代田区の一番町に住む祖父がやってくると、「おっ、明石町の臭いがするな」と皮肉られたものだった。

ドブの臭いだけではない。築地の街には様々な臭いがあった。おでんや焼き鳥のおいしそうな匂いが漂い、民家からは魚を焼く煙が立ち込めた。路地裏では子供たちが遊ぶ声が聞こえ、縁台では将棋を指すおじさんたちの真剣な表情から立ち込める気配のようなものを感じ、風鈴のチリリとなる音に夏の夕暮れを想った。

今の東京はどうだろうか。オフィスは朝晩に、人が通過するだけのハコだ。同じオフィスビルにいても、他の階の別のテナントと会話することはほとんどない。朝、エレベーターに乗り合わせてもあいさつすることもなく、互いが相手の顔をチラリと見やる程度だ。通勤電車は無言の館だ。コロナ禍では特に全員がマスクをして、仲間同士で会話することも憚《はばか》られた。互いが相手を無視し合うのが通勤電車の掟なのだ。

街中の商店も、その多くがビルの地下に潜りこみ、また大型商業施設の中に吸引された。以前のように通りに出しゃばって商品を陳列しあうこともなくなった。大声で客引きをする姿も少なくなった。それどころか買い物の大半をネットですませる人が増えるにしたがって買い物という行為そのものが変質した。

家もマンションという堅牢な鉄筋コンクリートの館となった。隣近所との付き合いはあきらかに希薄化した。ヘタをすると隣の人が誰なのかさえわからないのが都会のマンションだ。

家と会社の往復だけが人生というサラリーマンが街の人口の大半を占めるようになり、自営業者は減り、モノを売るのも大型商業施設の店員などのサラリーマンになった。子供たちは学校から塾経由で家に吸い込まれるようになり、部活動をする以外に外で遊ぶことがなくなった。

　無味乾燥なオフィス空間と、多額のローンに縛られ、香りも喧騒も感じられない街にある家との往復だけに人生の大半の時間とお金をつぎ込むことを約束してしまったサラリーマンに、豊かなひと時を過ごす余裕は失われた。ただひたすらに往復を続けながら唯一、自分が買ったマンションの価格が上がらないかと能天気に期待するだけの東京生活に潤いを感じることはない。

　創造性をなくすような生活を強いておきながら、会社という組織は従業員にやれ自由に発言しろだの、もっと創造性を磨けだの、できもしないことを言う。挙句には、オフィス内で創造性の芽を養うためと称して、バランスボールを置いてバランス感覚を磨け、スタバが引っ越してきたような寛ぎスペースで、同じ会社でほぼ同じ価値観しか持ち合わせていないような社員同士で、もっと創造性の高い会話をしろ、などと言う。

　だが時代は変わる。シビアではあるが、自身の能力を磨き込めば、会社という奴隷組織から解放されるチャンスが到来した。会社という組織に隷属せずとも、自身の能力を正確に評価する会社と契約を結び、自分の能力をおカネに替えていくことができる時代がやってきたのだ。

人々のうちの一部がこうした働き方を選択し始めたことは、東京の日々の時間ごとの姿が変わることを意味している。大勢の人が朝、オフィスに向かって歩くだけ、そして夕方には家路に向かう人たちの群れを眺めるだけ、あとは夜の街で酔っ払いの姿を半笑いで眺めるだけ、だった東京の時間割が変わるのだ。

会社組織内だけの人間関係から、家族やカップル、友達同士の付き合いが主体の毎日が到来すれば、東京はあらたにＴＯＫＹＯに変わるはずだ。世界中からエンターテインメントを呼び、芸術や文化の新たな香りが漂う街に生まれ変わるのだ。

ハコだけのオフィスはその数を大幅に縮小させ、映画館、劇場、音楽ホール、美術館や博物館、様々な展示場、社交場、ダンスホールなど、ＴＯＫＹＯの彩はもっと豊かなモノへと変わるだろう。

時間の余裕が生まれることは、余った時間を芸術や文化、エンターテインメントに割く時間の創出につながる。家にばかり費やしていたおカネを自分の教養や知見にもっと費やすようになる。それがもっと豊かで希望にあふれる人生を演出する。

未来の東京は豊かな香りがただよう街になるのだ。

第三章

# 相続大異変

## 解決しない空き家問題の未来

2014年に拙著『空き家問題』（祥伝社新書）で警鐘を鳴らした、国内で増加を続ける空き家の問題は、多くのメディアで取り上げられ、社会問題として認知されるようになった。2015年には空き家対策特別措置法も立法化され、自治体などから特定空き家に認定された空き家に対しては、所有者の私権を一部制限して最終的には行政代執行によって問題となっている空き家の撤去を行うことができるようになった。

だが、その後も空き家の件数は減少することなく現在も増え続け、2018年には全国で848万戸の空き家が存在し、総住宅数に占める割合は13・6％、つまり国内の住宅の7～8軒に1軒が空き家の状態になっている（図表⑤）。

空き家が増加する要因は、昭和から平成初期にかけては、地方から大都市圏への人口の流入によって、地方で空き家が急増したことだった。以降は、日本全体の人口が減少に向かい高齢化が進んだこと、大都市圏でも都心居住の動きが鮮明になったことから、大都市圏の郊外部でも空き家が増加し始めたことに起因している。

だが、実は日本の空き家問題は、日本の住宅市場の構造的な問題を含むものと理解して

## 図表⑤　空き家数と空き家率推移

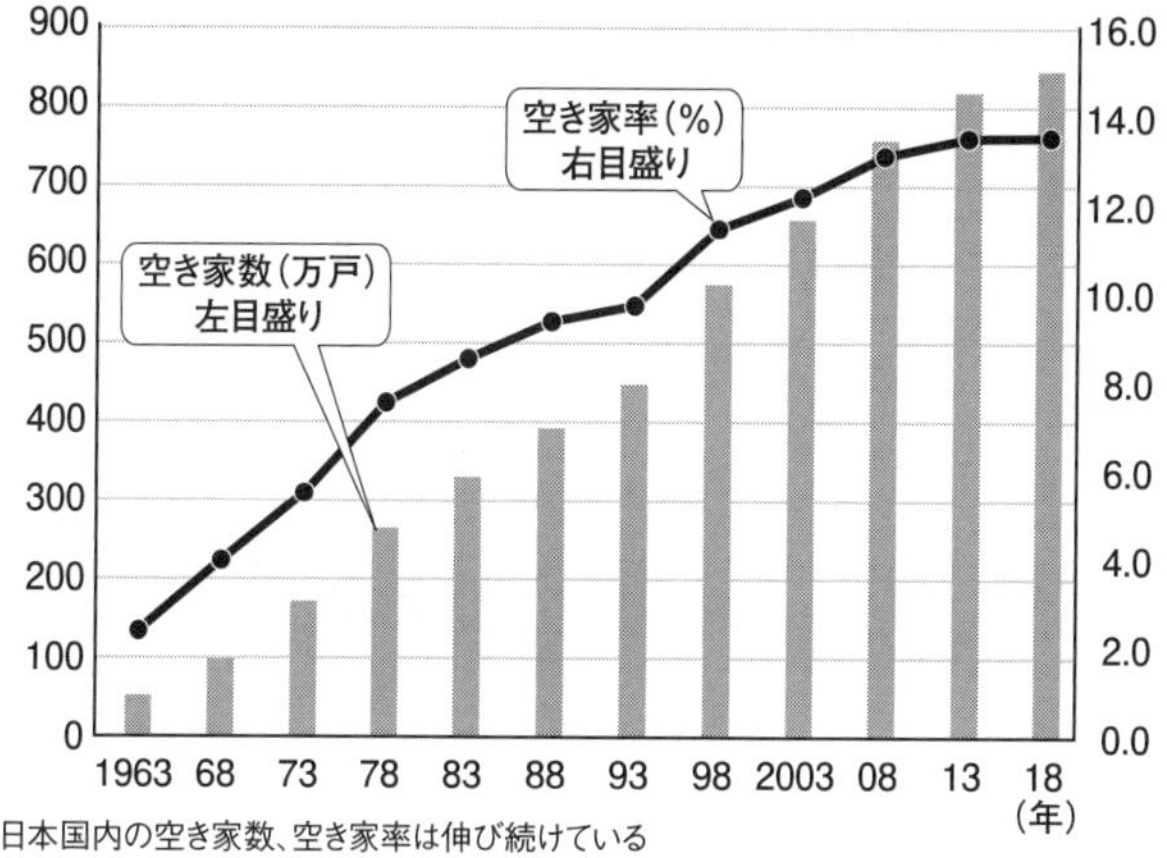


日本国内の空き家数、空き家率は伸び続けている
出所：総務省「住宅・土地統計調査」

おいたほうがよい。構造的な問題とは、住宅市場において相変わらずたくさんの新築住宅が供給されていることである。

2020年度の新設住宅着工戸数は81万2千戸。コロナ禍の影響もあって前年度よりも8・1%の減少となったものの、年間80万戸の大台を維持している。

内訳は持ち家26万3千戸、貸家30万3千戸、分譲23万9千戸。分譲住宅の内の10万8千戸がマンションである。このうち着目すべきなのが、貸家である。ここで示す貸家とはその多くがいわゆるアパートである。アパートといえば、学生から単身者、あるいはカップルが住むケースが多いものと考えられるが、日本の全体人口に占める若年層の割合は縮小の一途をたどっている。にもかかわらず毎年数多くのアパートが供給されているのが実態だ。

この背景には、高齢化した地主の相続対策がある。土地を多く所有している大都市圏郊外の都市農家の多くは、高齢化と事業承継の問題を抱えている。農業をやめてしまうと農地は宅地として高額の固定資産税が課される。いっぽうで農家の息子や娘は、その多くがサラリーマンになっていて農業を継ぐ意思はない。放置しておいて相続が発生しようものなら多額の相続税が発生してしまう。彼らの多くは現金収入が豊かにあるわけではなく、金融資産が多いわけではない。これでは税金を納めようがないのだ。

ということで、アパート建設によって節税をしてこの問題を回避しようということになる。先述したように相続の場合、土地は路線価評価、建物は固定資産税評価となることから、課税対象となる評価額は、時価よりもかなり低く評価される。さらにアパート建設に伴う借入金は、相続財産評価額から控除できるために相続税を圧縮する有効な手段となっているのである。

一見すると賢い方法のように映るが、この発想には実需という観点がものの見事に欠落している。投資をして賃貸用不動産を所有するということは、当然のことながらこれを運用していかなければならない。運用のノウハウもない多くの地主の不安に対して、アパート会社は賃料保証を謳《うた》い、アパート建設のメリットを強調してきたが、保証期間の短さ（約10年程度）、中途での保証料引き下げのリスク（日本の法律では、賃借人、この場合ではアパート業者の訴えが有利に働くケースが多い）、保証継続にあたってのリニューアル等の工事発注の確約など過酷な条件が、一部で社会問題となっている。

同じ地域、エリアにおいて複数のアパート会社の営業マンが複数の地主に対して同じような勧誘をする結果、短期間で多くの、同じような企画のアパートが建設される。あたりまえだがエリア内での競合条件は厳しくなる。新築アパートが立ち上がると、既存のアパートの住民が根こそぎ引っこ抜かれて、既存アパートには空室が大量に発生する構造が全国のいたるところで発生している。

こうした結果起こるのが貸家における空き家問題だ。848万戸の空き家のうち、賃貸用の空き家は432万戸と、空き家戸数全体の実に半数を占めるに至っている。節税が目的化して、需給バランスに目を向けない貸家建設は、日本の住宅事情を歪んだ構造にしているのである（図表⑥）。

相続における不動産の評価体系を改めないかぎり、目の前の対策で頭がいっぱいになっ

## 図表⑥　属性別空き家の割合

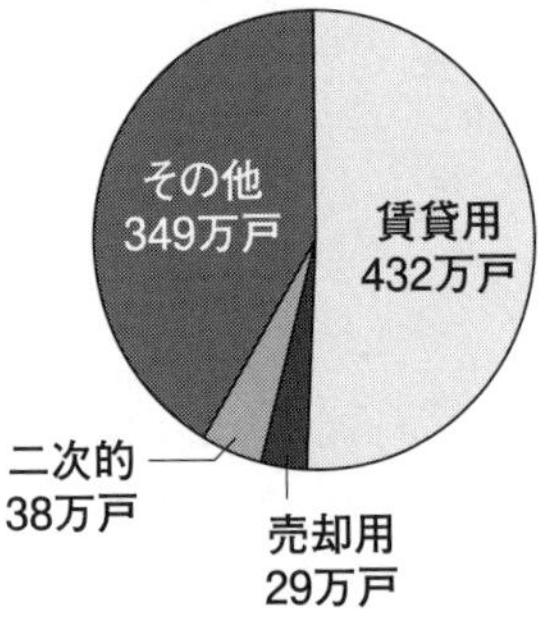


空き家の過半は貸家の空き家である
出所：総務省「住宅・土地統計調査」

た地主たちによるアパート建設は止まることがないであろう。アパート建設業者も、これまでの成功の方程式が通用する限りにおいては、どこまでもこの戦略を採用し続けるであろうことは想像に難くない。

　未来に待ち受けるのが、老朽化したアパートとアパート内での空き住戸問題である。新築アパートが供給されるいっぽうで、需要側である若年層の人口は今後、さらに急減する。需給バランスが崩れることは、賃料の大幅な下落を招くことを意味している。空室率の上昇は、アパートのスラム化を促進する。空き住戸の多いアパートは住んでいても気分が良いものではなく、治安も悪化する。住環境の悪化を嫌う住民は他の新しいアパートに移り、懐に余裕のない住民だけがアパートに残る。当然賃料の引き上げには応じられないし、応じる気もない。住民層も若年から、もはや世の中の動きから取り残された高齢貧困層などに替わっていくだろう。

空き家問題の未来には、メディアが、カメラ映りが良いとの理由で取り上げてきたボロボロになった一軒家やごみ屋敷状態の家の行方だけでなく、ひたすら造り続けている貸家＝アパートがスカスカになっていく空きアパート問題もあるのである。

## 都市部ですすむマンション空き住戸問題

空き家の問題でクローズアップされるのはアパートだけではない。特に今後、新たな社会問題になってくるのが分譲マンションの空き住戸問題である。分譲マンションストックはすでに660万戸に達している。住宅総数が2018年で6240万戸であるから、日本の住宅の約1割がマンションということになる。

民間で初めてマンションが分譲されたのが、1956年、東京都新宿区四谷三栄町に建設された四谷コーポラス（2019年に建て替え）だが、以降65年にわたって供給、分譲されてきたマンションに、これから大きな社会問題が続出する可能性が高いのだ。

マンションが世の中にデビューした当時は、マンションという居住形態については、あくまでも戸建て住宅を購入するまでの「仮の住まい」といった概念が強かった。建物は安普請のものも多く、公団などが建設する団地よりも多少マシ程度の住居として扱われていた。ところが、民間デベロッパーが多く参入してくるにつれ、建物設備仕様は大幅に向上、昭和の終わり以降は、マンションを「終《つい》の棲家《すみか》」として住み続ける人が増えた。

何と言ってもマンションは戸建て住宅に比べて、管理面が圧倒的に楽だ。立地も都心部や、郊外でも駅に近い物件が多かったことから、特に90年代半ば以降の都心居住の流れに乗って人気を博するようになる。夫婦共働きがあたりまえになると、どうしても家を留守にしがちになるが、マンションは密閉性が高く、セキュリティも戸建て住宅に比べて優れていることも高い評価を得ることにつながった。

ところがいっぽうで、マンションの歴史も60年を超えるようになってくると、あらたに勃発したのが、建物の老朽化問題とマンション住民の高齢化問題だ。マンションはその多くが鉄筋コンクリート造、または鉄骨鉄筋コンクリート造である。コンクリートの耐久性は一般的には50年から60年はあるとされるが、築50年を超えるマンションが出現するにつれ、建物自体の建て替え問題が生じている。

また旧耐震設計で建築、供給されたマンションの戸数は、マンションストックのおよそ15％にあたる１００万戸を超えるが、現在までの間に建て替えが実施されたのは、このうちの１％程度にすぎない。建て替えられないのである。

原因はおカネと人の問題である。マンションは毎月積み立てる修繕維持積立金によって賄われる。ところが、多くの管理組合で、建物の老朽化が進むと十分な修繕を行うのに必要な金額を用意できなくなる。マンション住民の間に経済格差が広がり、多額の費用がかかる大規模修繕や、建て替えに伴う追加の負担金に区分所有者の一部が耐えられなくなるのだ。

さらに、問題をややこしくしているのが、区分所有者の相続問題だ。築年数の古いマンションほど住民である区分所有者も高齢化している。そして相続を迎えたとき、相続人がマンションを引き継ぎたがらない事態が、現在多くの築古マンションで発生し始めている。都心一等地などに建つマンションならいざ知らず、郊外などにあって資産価値が減退しているマンションは、相続しても相続人本人が利用しない限り、売却や賃貸もままならないものになっている。したがって相続人が、毎月の管理費や修繕維持積立金を支払うのを嫌って、相続登記をしない、マンション管理組合に届け出ないという事例が頻発している。

これらの住戸は当然空き家化し、管理費や修繕維持積立金などが支払われないために、十分な管理ができなくなってしまう。管理が行き届かないマンションはさらに資産価値を落とすことになり、そのことに嫌気した住民が去っていく、このことがさらにマンション内空き住戸を増やす。十分な管理費が集まらないと、これまで使っていたマンション管理会社から三行半《みくだりはん》を突き付けられる。彼らは管理費の中から報酬をもらっているからだ。住民が高齢化して意思決定能力に欠けるようになってくれれば、管理会社のほうでも付き合いきれずに「お役御免」になるというわけだ。管理会社に逃げられた管理組合を待つのは悲惨な末路だ。専門知識も持ち合わせず、有効な対策を打とうにも軍資金が枯渇し、老朽化していく建物を、ただ指をくわえて眺めていることしかできなくなる。そして結局、自分が死ぬまで建物が保っていればよいとあきらめの境地に達する、というまさに破綻へのスパイラルだ。

一般的には同じ建物の中で、空き住戸である割合が30%を超えると、マンションは急速にスラム化すると言われている。スラムといえば外国の話のように考えている日本人はいまだに多いが、日本の不動産の未来もこのスラム化の問題から逃れることはできない。

旧耐震で設計、建築された住戸は、いずれも1981年5月末以前に建築確認済証を取得した物件を指す。ということは来る2030年には旧耐震設計の約100万戸存在するマンションがすべて築50年を迎えることになる。また2040年には平成バブル時代に建設された多くの分譲マンションが築50年を迎える。

優れた立地にあって管理体制の行き届いた物件を除き、多くの分譲マンションで空き住戸が増え続け、管理体制に支障が生じ、スラム化の道を歩みだすのが分譲マンションの未来だ。

マンションという共同住宅では先輩格のヨーロッパ。私の知り合いのある大学教授が言う。フランス、パリのアパルトマンは築200年を超える建物が多いが、オーナーが一棟全体を所有している賃貸アパルトマンは、200年が経過してもよく手入れがなされて、その価値を維持し続けているのに対し、分譲されたアパルトマンは、長い年月を経る中で必要な修繕の行き届かないものが多く、お勧めできない物件が多いのだという。

日本人にとってごくあたりまえの居住空間となったマンションの未来には、現在の日本が置かれた厳しい現実が横たわっているのだ。

## 「家」だけではない都心中小ビルオーナーの苦悶

日本の不動産の未来は、家の大量相続による価値の低下が懸念されるいっぽうで、都心部に数多く存在する中小ビルについても根源的な課題を抱えている。

東京の新橋や神田、五反田と言えば中小企業の集まる街として有名だ。JR新橋駅前の

SL広場は、毎晩酔っ払い状態のおじさんサラリーマンたちをメディアが取材する格好のスポットとして名高い。

中小企業庁「中小企業白書・小規模企業白書」によれば、日本の企業の99・7%が中小企業で占められている。中小企業で働く、あるいは小規模事業者として働く人の数はおよそ3000万人に及んでいる。その多くは自社の事務所や工場に勤めていて、新橋や神田、五反田といったエリアは中小企業の、おもに事務系サラリーマンが勤める事業所の受け皿になっている。

オフィスビルマーケットでは、ビルの大きさによってカテゴリーが異なる。様々なカテゴリー分けがあるが、一般的には賃貸する1フロア（基準階と呼ぶ）の面積に応じて分類している。オフィス賃貸仲介大手、三鬼《みき》商事の分類を借りれば、賃貸する1フロア面積が200坪以上のビルを大規模ビル、100坪から200坪を大型ビル、50坪から100坪を中型ビル、20坪から50坪を小型ビルと呼んでいる。新橋などのエリアに集中しているのが、このカテゴリーのうちの、中型や小型のビルだ。

これらの中小ビルは、大手デベロッパーなどが所有、運営するものは少なく、多くが地場の中小企業や個人が所有するものだ。戦前から戦後まもなくにかけて、この地で商売などを営んでいた事業者だ。高度経済成長期から平成バブル期までに、彼らの多くが、増え続けるオフィスニーズを見越して、自らの事業とは別に土地の有効活用策として、オフィスビルを建設し、これを賃貸することによって副収入を得る道を選択した結果が、新橋や神田、五反田などに多数存在する中小ビル群である。

現在、ビルの多くは築40年から50年が経過している。マンションと同じく、老朽化が進んだ建物は、大規模修繕だけでなく建物自体の建て替えを視野に入れなければならない時期に差し掛かっているのだが、彼らの未来は明るくない。持続可能性がない。建て替えられないのだ。

都心の良い立地のビルなのに、持続可能性がない、というのを不審に思うかもしれないが、これが世の中の現実だ。私の会社では、数年前に新橋の中小ビルオーナー約20社に直接面談をしたことがあるが、彼らの苦悩は私たちの想像をはるかに超えるものだった。

築年が40年を超えると、人間の体でいえば内臓や血管部分、建物でいえば設備や配管に支障が生じやすくなる。大規模修繕のコストが跳ね上がるのがこの時期の建物である。建物の構造によっては配管などの交換に多額の費用がかかる場合もあるが、多くのオーナーが大規模修繕費用を賄うための積立を行ってきていない。

設備や配管は補修を繰り返すことである程度の延命ができるが、多くのオーナーは建物が「まだ持つだろう」間は多額の出費は避けたがる傾向にある。なかなかテナントが入らないビルオーナーに設備を更新しようと提案しても、「先立つおカネがない」のでなかなか決断ができない。それならば「テナントが入ったら」やろう、となる。これでは鶏と卵である。

またたとえ事態をよく理解したオーナーで、いざ大規模修繕を行おうとしても、おカネがない。それではと銀行から借入金を調達して実施しようにも、実は多くの中小ビルオーナーはオフィスビルを担保に自らの本業用に多額の運転資金や設備資金を調達しているケースが多く、あらたに銀行から融資を受ける枠が乏しいケースが多いのだ。

いわんや建て替えをやである。現在の新橋、神田、五反田あたりの中小ビルの賃料相場は坪当たり1万円台後半から2万円だ。それに対して、ビルを建て替えるとなると、建設費は坪当たりで150万円は下らない。建て替えにあたっては既存のテナントには立ち退きをお願いするしかない。ところが日本では借り手の権利が異常に守られているために、多額の立ち退き料の負担を余儀なくされる。ようやっと立ち退きが完了しても、今度は既存建物の解体費が高騰している。理由は人件費のアップと、廃棄物処理が厳格化されたことによって、処理費用が膨れ上がっていることだ。また現在多くの銀行は、建て替えにあたって建設資金を融資できたとしても、テナントの立ち退き費用については融資せず「自腹でお願いします」と言う。おかしな話だが、立ち退き料は相手によって補償額が千差万別になる傾向があるので、金融機関のガバナンス上問題になると彼らは言う。ありえないことだが、立ち退き費用がマネーロンダリングに使われるなどと真顔で言う銀行まで存在する。意味不明である。複数のビルを所有していたり、自腹で十分な蓄えがあればともかく、多くのオーナーにそんな余裕資金などあるはずがない。

建て替えにあたってあまりに余分な費用がかかるうえに、高騰を続ける建設費をかけて新しいビルに生まれ変わっても、賃料相場はそれほど上昇しないのが実態だ。土地はオーナーが持っているから土地代がかからないのに、建て替え費用を建て替え後の賃料収入で回収していくのに20年から30年もかかってしまうのが、中小ビル建て替えにおける事業収支だ。

こんな事業計画では銀行が首を縦に振ることは少ないし、ましてや本業のための資金を、既存ビルを担保に借り入れていれば、まず新たな融資は実行できないということになる。

そして彼らを待ち受けるのが相続と事業承継である。建物という器がどんどん老朽化して修繕を含めたコストが膨大にかかる、修繕をしたからといって賃料収入が上がるわけではない、少なくとも現状を維持するだけで相当な負担を強いられることになる中小オフィスビルの実態について、相続人である息子や娘にも数組インタビューしたが、彼らはこのことをよく理解している。「そんな資産はいらない」が彼らの答えである。

多くの中小ビルの未来は、おそらく現在のオーナーに相続が起きることによって、あるいは事業承継を断念するに及んで、他人の手にゆだねられることになるだろう。大手のデベロッパーなどが買ってくれればめっけものだが、もともと規模が小さな土地建物は、彼らのお好みではない。実際は借入金が返済できない場合に担保として銀行が差し押さえることになろうが、銀行とてテナントを立ち退かせ更地にでもしなければ、満足な価格で資金の回収を行うことは難しくなると思われる。

買う側も土地代まで払って、新たにオフィスビルを建設して採算がとれないことは既に説明済みだ。意味するものは結局採算が合うポイントまで、土地代を下げていかない限り、経済成長が鈍足化した日本で、オフィスビル事業の継続が難しくなるということなのだ。

## 首都圏多死、大量相続問題を考える

2020年における首都圏（1都3県）の後期高齢者（75歳以上）人口は約480万人である。首都圏の未来において確実に起こってくるのが、現在の後期高齢者のかなり多くが、むこう10年から15年の間に亡くなるということだ。このことは年間に換算すると、毎年確実に30万人程度が首都圏から消滅していくことを物語っている。年間の死亡者は、何も後期高齢者に限った話ではないので、今後死亡者の数は急増していくことは自明なのである。いっぽうで2018年における首都圏の出生者数は26万8359人。今後出産可能な女性の人口が急激に減少していく中、出生者数は増える可能性はなく、大幅に減少していくことが見込まれている。東京都でさえ人口の自然増減では既に現状で約2万人の減少を示しているなど、首都圏の未来は、何らかの手を打つことなく人口を保っていくことはもはや不可能な状況に陥っている。

ではその分を社会増減（転入者—転出者）で賄えるかというと、コロナ禍以降は、東京都でさえ年間では社会増の状態をかろうじて保っているものの、人口の社会減が何か月も連続して生じる事態になっている。自然減に加えて社会減になることは、地域全体の衰退がはじまることを物語っている。このことはまだあまり大きく取り上げられていないが、今、生じつつある深刻な事態である。

人口が減少する、とりわけ多くの高齢者が亡くなるということは、不動産の世界では大量の相続が発生することを意味する。つまりこれまで大量に人を集めてきた首都圏で不動産マーケットに大変化が起こることはほぼ確実と言えるのだ。

戦中世代から団塊世代にかけての人々は、首都圏の中でも都区部や郊外の比較的良い立地の家に住んでいる。これらの家で相続が発生した場合、相続人がその家に住むケースはむしろ稀である。彼らの子供世代もすでに50歳代から60歳代になり、自身の家を所有している場合が多いからだ。

自分で利用することがなければ、相続した家を空き家として放置するか、賃貸や売却に出してくることが見込まれる。これからの10年から15年の相続ラッシュ時には、こうしたエリアの多くの家がマーケットに大量に出回ることが予想される。そしてその結果として一部のブランドエリアや希少物件を除いて、家の売却価格や賃貸価格はかなり下がることが見込まれる。

そんなことはない、と昭和平成脳で考える人は多いだろうが、人口が自然減、社会減していくエリアで、家の需要が増えることはない。一部外国人を含めた投資需要が発生することは期待できるが、それはごく一部のブランドエリアの家に限った話だ。これまでの常識が覆る瞬間は意外と早く訪れることになりそうだ。

とりわけ1947年から49年に生まれた第一次ベビーブーム世代、団塊の世代は現在でも617万9千人が生存していて、シルバー世代の代表的な存在となっている。2022年からこの団塊世代が75歳の後期高齢者に仲間入りし、24年末には全員が後期高齢者となる。そして首都圏には団塊世代のおよそ4分の1が住んでいるといわれる。この世代の相続が本格化する頃には、不動産マーケットにはさらに大量の売り圧力がかかる可能性が高い。

今後の人々の働き方の変化にも要注意だ。都心のオフィスに毎日通勤するような人が減少すれば、高いコストをかけて都内に住むメリットは少なくなる。都内好立地の不動産は固定資産税や相続税などの税負担も大きい。手放す人が多くなる半面、この家を借りる人はいるだろうが、喜んで買う人が大量に発生するとは考えにくい。需給バランスで考えれば、やはり都内でも不動産価格はかなり下がってくることは明らかと言えるだろう。

家の価格が下がることは何やら不幸なことと、これまでの成功の方程式が頭に染みついている人たちには思えるかもしれないが、これからのミレニアル世代（1980年から95年生まれ）やそれに続くZ世代（96年から2015年生まれ）の人たちにとっては、家の選択肢が大幅に増えることになる。そして家を持つために人生で得るはずの多くの収入を費やさなければならなかったような、親や祖父母の世代とは全く異なる人生を歩める幸福があることになる。

昭和平成ではブランドエリアとされた世田谷区に家を持っていることが人生の幸福にはならないということが明らかになっていくことが、首都圏における不動産の未来なのだ。

## 生産緑地問題、延長しても止まらない宅地転換

都市部郊外の不動産の未来において、今後大きな影響を与えそうなのが、現在三大都市圏の市街化区域内に存する農地について、土地に係わる固定資産税を大幅に減免してもらっている生産緑地制度の期限満了問題である。この制度は1992年に生産緑地法が改正され、都市部の宅地のうち、農業として利用されている土地については、宅地並みの課税を猶予し、固定資産税の大幅な負担軽減を施しているものである。

ただしこの制度の適用を受けるためにはいくつかの要件があり、中でもいったん生産緑地に登録した暁《あかつき》には、その土地において農業を30年間にわたって継続しなければならないという、営農規定が設けられていた。

当時、こうした制度が設けられた背景には平成バブルによる土地の高騰で地価が上がり、固定資産税負担が増す都市農家を守るためということと、郊外部における乱開発の抑制という目的があった。登録を行うと30年間は農地となってしまうことから、不動産業者からみれば、土地が30年間にわたって塩漬け状態になってしまうという迷惑な改正だった。

生産緑地にはかなり多くの都市農地が登録され、2019年現在でも約5万8000地区、1万2209haが登録されている。

ここで問題となったのが登録されて固定資産税の減免を受けている農地のうち約8割にあたる9563haが、2022年に登録期限30年満了を迎えるということだ。生産緑地2023年問題である。期限を迎えると、この土地の所有者は以降、宅地として通常通りの課税を受けるか、売却しなければならないことになる。さらに売却の場合は市町村長への買い取りも請求できるため、買い取り請求が殺到する、また宅地として一斉に売却されると、大都市郊外部の地価が暴落するとの憶測が飛び交いはじめたのだ。

市町村にはそれだけの土地の買い取りに応じる財政余力があるはずがなく、また郊外部の土地が暴落することは避けたい政府は、あらたに特定生産緑地制度を設定、対象となる農地について特定生産緑地に登録すれば、さらに10年延長でき、その後も10年毎《ごと》に延長できる仕組みにした。

この制度改正で問題は解決した、と多くの関係者が胸をなでおろした。ある調査会社によれば、この改正で対象となる農地の所有者の多くが、10年の延長を選択して特定生産緑地への登録を行うとのアンケート調査結果も得られ、この安堵《あんど》を裏付けるものとなった。

だが、この安堵からは、所有者たちの間にこれから頻発する相続の問題が抜け落ちている。都市農地の所有者の多くが高齢化しているのだ。そして彼らの子供たちの多くは、親の職業を継ぐ意思はなく、親の農地を相続して、それを宅地として維持できるような経済力を持ち合わせてはいないのだ。

したがって現在の所有者にアンケートをとったところで、これまで農業を続けてきた高齢者が、いきなり22年で農業をやめるとは言い出しにくい。結果は自身が農業を継続できる間、そして相続が発生するまでの間、とりあえず、特定生産緑地に登録をしておく、というごくあたりまえのアンケート結果になるのである。これではまるで模範解答に導くための誘導尋問を行っているようなものだ。

生産緑地制度が改正された92年には1万5109haが登録されていた都市農地も2019年までの期間に約2割にあたる2900haが減少している。これらの多くが相続等の発生によって生産緑地を継続せずに宅地化の道を選んだものと想定される。

国では、生産緑地への登録要件を緩和して、農業法人への貸付や農作物の直売所などに提供している土地についても登録を可能にするなど制度の維持に腐心しているが、都市農地の未来は明るくない。

事業承継がままならない多くの都市農地の高齢所有者から順次相続が発生するたびにポロポロと宅地化された土地がマーケットに供給されることは、おそらく避けられないことだからだ。またそうした土地の上に、需要が見込みがたいアパート建設などが横行する可能性も懸念される。

都市農地を守ることは大切なことである。だが、これまでの都市計画はひたすら人口が増加していくことが前提のモデル構築が行われてきた。その結果として市街化区域が広大に設定され、その中に多くの都市農地が組み込まれてきてしまったのが実態である。大都市郊外部の土地の未来は、これまでの方程式では持続可能性が期待できない。つまり発想の仕方が古いわけで、宅地であるから宅地並みに課税すべきところを、特別に農地として税金を減免してやる、という従来の考えがそもそもこれからの未来に適合しないのだ。

国や自治体が真剣に考えるべきは、土地の在り方を従来の量的成長を前提としたモデルから転換することである。人口が縮小し、街をコンパクト化することを前提として、その中で農地としての環境を守る土地と、人々を集め街としての機能を充実させていく土地とを、今一度戦略的に線引きし直すことが求められているのである。

そうした意味では、今回の制度改正、特定生産緑地制度創設の効果は極めて限定的なものとならざるを得ないだろう。日本的な「問題先送り」の発想でしか制度改正を考えていないからである。

そして先送ったつもりの問題が相続の大量発生によって一気に現実問題と化し、行き場を失った農地が宅地並み課税を嫌って大量にマーケットに出回ることになって、郊外部の地価が思いもよらぬ下落に向かうのが、大都市郊外部の土地の未来なのである。

## タワマン節税破綻が始まる

タワマンと呼ばれる超高層マンション、業界としての特段の定義は存在しないが、マンションデータを取り扱う不動産経済研究所では、20階建て以上のマンションを超高層マンション(タワマン)として各種の統計をとっているので、本書ではこの定義を採用する。

首都圏には現在どのくらいの数のタワマンが存在するのだろうか。不動産経済研究所の調べによれば、首都圏（1都3県）において1976年から2020年までで計925棟26万7508戸が建設され、存在するという。20階建て以上のマンションがなんと925棟も首都圏に存在することは驚き以外のなにものでもない。

また2021年以降に日本全国で建設が計画されているタワマンは、現在わかっているだけで280棟10万9908戸あり、そのうち首都圏で173棟8万1825戸にものぼるという。一般的なイメージとして首都圏にあるタワマンは、港区や中央区、江東区の湾岸エリアに多いが、計画を紐解《ひもと》くと今後は板橋区や豊島区、葛飾区などに多く建てられる予定であることがわかる。これらの多くが市街地再開発事業と呼ばれる、鉄道駅の駅前の商店街などをまとめて開発する際に建物を高層化してこれをマンションとして分譲するものである。

こんなに多く存在し、これからも数多くの供給が予定されているタワマンだが、実際に販売するとよく売れるのだという。タワマンは都心居住の進展とともに人気を博した都心型住居の典型だが、分譲価格は近年うなぎ登りになり、湾岸部にある中央区月島や勝どき、江東区の豊洲などのタワマンは条件のよい新築物件だと坪500万円台にもなっている。

新築に引きずられるように中古価格も高騰しており、たしかに2000年代前半から2

014年くらいまでにこのエリアのタワマンを買った人は相当の含み益を実現するチャンスが到来していることになっているし、実際に売却して多額の利益を手にした人もいる。テレビドラマでも演出されているように、タワマンは比較的若いエリートサラリーマンやパワーカップル、富裕層が住むマンションとして描かれることが多いが、購入者の実態はやや異なる。国内外の投資家に加えて多いのが高齢富裕層なのである。

理由は簡単だ。タワマン購入は相続対策として有効だからだ。これまでも何度か触れてきたように、相続の際に所有している不動産は、土地部分については路線価評価、建物については固定資産税評価によって課税評価総額が決まる。現金で持っていれば金額通りの査定になってしまうが、不動産だと時価よりもだいぶ安く評価されるのが、不動産が相続対策として有効であると言われる理由だ。

その中でもタワマンの節税効果が高いのは、タワマンの時価と相続税評価額との乖離《かいり》が大きい、つまり資産評価額の圧縮効果が高いことによるものだ。東京湾岸部のタワマンを例に考えてみよう。

【事例】東京湾岸部(イメージ)

土地面積：4000坪、建物延床面積：32000坪、住戸戸数：1000戸
戸当たり持ち分：土地4坪、建物32坪（共用部を除く専有部で25坪）
販売価格：1億円（土地8000万円、建物2000万円）
専有部坪単価：400万円
土地路線価：400万円／坪

このマンションの建つ土地の路線価は坪当たり400万円であるのに対し、購入価格に占める土地代は坪当たりで2000万円（8000万円÷4坪）である。つまり相続税評価上は、坪当たり1600万円分を圧縮できることになる。建物については固定資産税評価額であるので経年とともに評価額は減額される。したがって相続のタイミングにもよるが、相続時評価額が土地建物あわせても3000万円程度（土地1600万円、建物1400万円程度）となる。1億円を現金で持っていれば、額面通りの評価となるが、全体として7000万円程度評価額の圧縮ができるというわけだ。さらにこれを借入金で買えば、借入金額分を評価額から控除できるので、実質相続税を払わなくて済むというのが理屈だ。なぜタワマンが節税で効果が高いかといえば、土地の容積率が高く、戸当たりの持ち分が少ないため、路線価評価額との乖離が大きくなりやすいこと、また高層部ほど高い価格設

定で売れるので、同じ住戸面積でも高層部ほど土地代の割合が高く設定でき、圧縮効果が高まることによるものだ。

これが、タワマンが売れている、しかも高額帯の部屋ほどよく売れる最大の理由となっているのである。

この対策については、一部の不動産関係者が書籍まで出して大宣伝をしてしまったがゆえに、税務当局の関心をひくところとなり、タワマンの土地建物を一律で相続税評価をせずに建物の階層によって段差をつけるという「節税対策の対策」を施されてしまい、以前ほどの節税効果は封じられてしまったが、効果は薄まったもののいまだに十分な節税効果をもっているのである。

では、このタワマン節税の未来はどうなるのであろう。あたりまえだがタワマン節税の効果を享受するためには、購入者である高齢者が死ななければならない。無事に購入者が亡くなってはじめて、大きな税負担をすることなく相続人に全財産が相続される。そしてお役御免になったタワマンはマーケットで売却してしまえば、人気のタワマン、大きな含み益まで実現して、すべてがうまくいくというのがこの節税のサクセスストーリーだ。

だが、この対策には死角がある。節税対策ではあっても不動産投資である。投資は最後に出口があってはじめて完結する。まず、所有者の高齢者がちゃんと死んでくれるかという、何やら情けない話がある。最近は長生きをする高齢者が多い。80歳代で購入しても10年以上長生きする高齢者は少なくない。その間、人に貸して運用益をとれるかもしれないが、購入した簿価に比べて利回りは低い。マンション価格がどんどん上昇すれば、ただひたすら死ぬのを待っていればよいが、さてどうであろう。

かたや、アパート投資と同様、近隣には続々とタワマンが建ちあがってくる。なにせこれまで900棟以上あったタワマンがさらにこの先わかっているだけで280棟も出来上がるのだ。当然競合は激しくなる。よほど良い立地にあれば別だが、湾岸エリアのマンションは海からの塩害などの影響で建物の経年劣化が激しいと言われる。築年が経過するごとにマンションは古ぼけて、築15年を超えると最初の大規模修繕が発生する。またマンションマーケットが今後も高騰を続ける保証はどこにもないのだ。インバウンド需要というが、世界情勢の変化によってこんな需要が簡単に吹き飛ぶことは、コロナ禍でも実証済みだ。

いざ相続が発生して節税効果が享受できたとしても、その後売却のタイミングを失うと、節税のために買った高額なタワマンについて回るのが、節税効果を高めるために仕組んだ借入金だ。時価が簿価を下回るようになれば、借入金の返済は思うようにいかなくなる。こうなってしまうと借入金元本は常にまとわりつき、節税効果どころの話ではなくなってしまうのだ。

こうしたタワマンの考えたくない未来が、今後現実のものとなる可能性は意外にありそうだ。アパート投資での失敗を笑っている場合ではなく、実はタワマン節税も構造的には全く同じ問題をはらんでいる。所詮は今までが安定した、あるいは「いけいけどんどん」のマーケットであったという事実だけが論拠の節税手法なのだ。

不動産の未来が変わるのは、節税王のタワマンにおいても例外ではないのだ。

## エンガチョ（誰も触りたくない）状態になる郊外ニュータウンの相続問題

埼玉県比企《ひき》郡鳩山町には、鳩山ニュータウンという瀟洒《しょうしゃ》な住宅団地がある。この地域は1971年、当時の日本新都市開発（2003年に特別清算）という会社が開発し、74年から97年にかけて分譲した3000戸を超えるニュータウンである。

東武東上線「高坂」駅から現地まではバスで10分から15分ほど。豊かな自然環境に恵まれたこの街は、「楓《かえで》ヶ丘」「鳩ヶ丘」「松ヶ丘」といった素敵なネーミングを施された街区に分かれ、特に90年代の平成バブル期に分譲された松韻坂《しょういんざか》地区は分譲価格が８０００万円台、埼玉県内のニュータウンでの分譲価格としては破格の高値として話題を呼んだ。統一感のある街並みと景観は数々の賞に輝き、大企業に勤めるアッパーなサラリーマンや経営者に人気を博した。

だが、その後この街は、ニュータウン凋落《ちょうらく》の象徴的な街としてたびたびメディアに登場するようになる。２０１０年には９９７９人を数えた人口が、わずか10年後の２０２０年に７０１８人、なんと30％の人口減少が生じたのである。人口減少で全国的に有名な自治体に北海道夕張市がある。同時期の夕張市の人口は２０１０年１万１０１２人から２０２０年７５７８人に31％の減少であるから、この減少ぶりの深刻さがわかるというものだ。

この街から都心への通勤は、最寄り駅が東武東上線「高坂」駅となるが、駅までのバス利用で15分程度、高坂から池袋まで急行で55分、新宿まで1時間10分、大手町には1時間20分である。バス停までの時間、待ち時間や乗り換え時間を加味すれば、東京都心までは1時間半から1時間40分コースとなる。

通勤におけるこの時間距離が、街からの人の流出を促している。鳩山町自体はまだ空き家率は8・9％で埼玉県全体の10・2％を下回っているが、この街で起こっていることは、1世帯当たりの人口の減少である。鳩山ニュータウンを含む鳩山町全体では、1995年の1世帯あたり平均人員は3・5人であったが、2020年には2・2人と急速にしぼんでいる姿が浮き彫りになる。この間、世帯数は5132世帯から6001世帯と870世帯ほどしか増えていないので、ファミリー世帯での人員減は明らかである。つまり、この街で育った子供たちが、街を出ていったまま戻ってこないということを示している。

この現象は鳩山ニュータウンに限った話ではない。千葉県千葉市緑区土気《とけ》町では、1982年に土地区画整理事業がスタートし、JR外房線「土気」駅の南側、東西1・5㎞、南北2・5㎞という広大な敷地に新しいニュータウンが登場した。大手デベロッパーの一角である東急不動産が「あすみが丘」というネーミングで80年代から90年代にかけて分譲し、人気の街となった。

だが、この街も鳩山ニュータウンと同様の軌跡をたどりそうである。土気から東京駅までは乗り換えこそないものの57分、新宿や渋谷には1時間20分以上の移動時間は、夫婦共働きをベースとする現代の若いファミリーには人気がない。

商業施設として地域内で2店舗を展開していた東急ストアも2011年に相次いで閉店。

街の賑《にぎ》わいは失われていった。街から若い層が転出して人口が減少、住民の高齢化が進むと商業施設などが撤退、利便性に欠けるようになると街の価値はどんどん減退していくことになる。

鳩山ニュータウンの戸建て住宅の中古相場は、700万円から800万円程度、あすみが丘も1200万円から1500万円程度と分譲時の価格の3分の1から5分の1になっている。

次の世代に引き継げないニュータウンの未来は暗い。昭和40年代以降平成初期にかけて流入し続ける人口の受け皿として、造られ続けてきた家は、量的拡大を是としてきた当時の価値観の産物だ。ニュータウンの役割は、都心に勤める勤労者のために「寝る」家を用意し、生活するために必要な商業施設や学校などを整えることに限られてきた。台地や山林を切り崩し、造成を施しただけの土地には歴史や文化は存在しない。

入居時こそ新しい街として活力にあふれ、同世代で同じような境遇、経済条件をもつ住民たちで構成されてきた街も、代替わりをするための魅力を醸成できないでいるのが現実だ。

鳩山ニュータウンは2015年ですでに高齢化率が44・1%に達している。そして20

40年にはこの数値は53・9%に達するという。そして確実に起こるのが相続である。ほぼ同じ時期に同じ年代の人々が入居してきたニュータウンにおいて、この事象の勃発《ぼっぱつ》は避けることができない。そして次にまとめてやってくるのが、空き家問題である。子供たちの多くは自分が育ったニュータウンに興味も関心もないという。それはそうだ。彼らは子供のころからその多くが学習塾に通い、私立中学に入り、毎日父親と同様、電車に乗って通学をしてきた。できればこんな遠くから通いたくはなかったはずだ。結局、ニュータウンは昭和世代の人たちがノスタルジーを感じてきたような「ふるさと」ではなく、いまだに親が住んでいる実家というだけのものでしかないのだ。

今後この子供たちが苦心惨憺《さんたん》するのが、親が亡くなったあとの実家の後始末だ。新しい血が入らなくなったニュータウンにはもはや家の流動性はない。交通利便性の脆弱《ぜいじゃく》さゆえ家を貸したいと思っても需要が見つからない。そして自分はすでに都内にマンションを所有していて、いまさら親の実家に戻るなどありえない。「売れない」「貸せない」「自分が住む予定がない」の三重苦の負動産である。

相続して真面目に管理していても、出口が見えないのが未来のニュータウンである。先がわからない物件は、管理する者がいなくなる、管理が行き届かなくなれば廃墟が増える。

廃墟が増えれば、さらに人がいなくなる。ゴーストタウンへの道である。

国は相続登記を義務付け、所有者不明土地のこれ以上の増加に歯止めをかけようとしている。いっぽうで相続人にとって必要でない不動産については相続放棄して国が管理する方針も打ち出している。ニュータウンの多くが再び元の山林に戻っていくのが未来の姿かもしれない。

ふるさとは遠きにありて思うもの、と言ったのは昭和世代までだが、ニュータウンで育った世代には、どこを探してもふるさとの痕跡が見当たらない、脳裏に残るわずかな記憶に頼るものになるのだ。

## 相続100％課税、贈与税ゼロ論の正当性

およそ地球上の生物の中で、「相続」ができるのは人間だけである。自身が持っていた財産を子に引き継ぐ、一見すると美しい物語のようにも映るが、自分で自分の身を守り生活していくのが生物としての本来の姿であろう。

ところが人間は貨幣を所持し、土地や宝石など換金性のある財産を持ちえたことで、この大切なもの＝財産を独り占めしたいという欲望を募らせることになる。財産を、世代を

超えて継承していくことができれば、子孫が永遠に繁栄していく、このなんとも我がままで強欲な行為が相続である。

本章で明らかにしてきたように、この相続と不動産とは実に密接な関係がある。なぜなら相続時における不動産に対する評価が常に、時価を下回るように設定されているからだ。現金で1億円所持するよりも、時価1億円の土地をもっていたほうが、自動的に70%の評価になるので得だと、国税庁が路線価というもので認めてしまっているのである。

さらにここでいう時価とは毎年1月1日現在で発表される公示地価をベースにしているが、公示地価自体が、実際の時価よりもかなり安く査定される傾向にあり、とりわけ地価が上昇しているときには、評価時点と現時点でのタイムラグがあるためにその乖離はもっと拡大するというおまけがついている。

金持ちがこぞって不動産に投資する理由がここにある。収益性の高い不動産を持てば、賃貸収入を享受でき、相続時には、時価よりも低く評価されて子孫に引き継がれる。子孫はその不動産でまた収入を得ることができる。

中には相続時に節税をするために無理を重ねる事例が出る。アパート投資やタワマン節税の節で述べたように、相続評価の有利さを追っかけるあまり、無理な借入金まで調達して、マーケットの需給関係を考えずに破綻を招く例も枚挙にいとまがない。

いっぽうで子孫にとって必要ではない不動産も多数存在する。最近は、山林がその不人気不動産の代表格である。以前の日本では林業は重要な産業だった。家の建築資材となる木材は高く取引され、林業は大いに栄えた時代があった。そのころに金持ちが買った山が、子孫に相続されるに至って厄介者になっているのだ。

収益を生まなくなった山林は管理されずに放置され、人の手が入らない山林はすぐに荒れ果て雑木林となり、動物たちが我がモノ顔に闊歩《かっぽ》する。台風や豪雨で山の斜面は崩れやすくなり、災害を引き起こすようになる。

2014年8月に広島市安佐《あさ》北区および安佐南区で発生した豪雨による土砂崩れ災害は、崩れた崖の所有者が判明せず、所有者不明土地での管理不足が原因の一つとして指摘されている。相続にあたって登記が行われてこなかったため、所有者が特定できないまま、有効な処置が施されていなかったとされる。

山林の放置は国土の荒廃につながる。自然のままの景観が素晴らしいと勘違いをしている人は多い。だが実際に人の目に美しい景観というものは、手入れの行き届いた山林などの疑似自然景観なのである。

無理な相続対策をする、嫌な不動産を相続せざるを得ずにその処置で困惑する、それもこれも相続制度が存在するために引き起こされる事象だ。

日本は戦後75年で三世代を経て、国民の間の経済格差は明確となった。富めるものがますます富み、貧するものはますます貧する国が長く続くわけはない。だが出来上がったヒエラルキーを維持しようとするのは人間社会の常である。そして人々を悩ませるのが富の継承である相続だ。

先述したように今、日本では厳しくなる財政事情から富裕層に対して金融所得課税を強化しようとする動きがある。岸田首相は自民党総裁選でこの構想を披露したが、一部の猛反対にあったのだろう、その後このプランを引っ込めてしまった。日本の格差社会を象徴する動きだ。

だが資産というのは一世一代が持つものとの認識に立つならば、相続時においては全財産を国家に帰属させてしまう、つまり相続税率100%にすればよい。そうなれば、相続財産評価額を圧縮するために無理なタワマン投資などは行われなくなるし、億を超えるような愚かな借金をしたりすることはなくなるだろう。

もちろん残された家族が路頭に迷うことがないように一定限度額までは贈与できるもの

として、贈与の際にかけられる贈与税率を0％にすればよい。

かなり暴論に聞こえるかもしれないが、こうした変革は間違いなく日本社会を活性化させる方向に行くだろう。全員がいつでもイコールフッティング、つまり同じスタートラインに立つことができるようになるからだ。

人間は自分がいつ死ぬかがわからないので、死ぬときにもいくばくかの資産は残しておくだろう。そうした資産は死亡時点で全額が国庫へ。また所有する不動産も全額国庫へ。こうすれば子供たちが見向きもしない山林やニュータウンに残る築古の実家もすべてが国のものになる。財産の一定額は生前に税金ゼロで贈与できれば、早めに子供や孫に財産が移転できる。一番おカネがかかる世代にスムーズに資産が継承されることは、社会にとっても決して悪いことではないだろう。

人は強欲なもの。たっぷりの資産をため込んで、いったい自分はいつ死ぬと思っているのだろうかというほどの貯金をしている高齢者がなんと多いことだろう。死蔵している現金が世の中に多いことは何度も指摘をされている。だがそれを言っても高齢者が自身の財布の紐を緩めることはない。

不動産も一定限度までは子孫に無税で贈与できるようにしたうえで、残りは一代限りにすれば、不動産マーケットはもっと活性化するだろう。

相続という制度をどう改善するかは不動産の未来を変えることになる。節税の手段としての不動産とは未来にはおさらばしたいものだ。

# 第四章

# 多元化する不動産

## ——地政学、安全保障、エネルギー、ＤＸの影響

## LOOK WEST 日本の中心軸は九州、沖縄へ

2021年10月、ソニーグループが、台湾の半導体生産受託会社TSMC（台湾積体電路製造）との共同で、熊本県菊陽町《きくようまち》に新工場を建設する計画を発表した。製造されるのは先端微細技術を駆使して製造される演算用半導体で、自動車や産業用ロボットに搭載される。

日本はすでにこの分野での半導体製造は世界の競争から取り残されて手を引き、TSMCに製造を委託していたが、今般TSMCから直接投資を仰ぐことで製造を復活できる。新工場への投資額は8000億円。そのうち最大50％を国が出資するとされ、デンソーなどからも一部出資がされる見込みだ。

こうした動きを「ものづくりニッポンの復活」と論評する識者もいるがピント外れである。新工場の誕生は、たしかに地元にとっては雇用の促進につながる歓迎すべきことかもしれないが、いまや台湾よりも日本に工場を建てて半導体を製造したほうが人件費も安くて効率が良い、ととらえるのが正しい見方だ。つまり安い国ニッポンの象徴的な事象なのである。

これは今後中国の侵攻が危ぶまれる台湾よりも日本で製造するほうが地政学的に安全という判断もあるだろう。不動産と地政学は密接な関係になりつつある。

地政学とは文字通り「地理学」と「政治学」が融合した学問だ。地政学という用語は、１８９９年スウェーデンの政治家ルドルフ・チェレーンによって唱えられたとされるが、我々日本人の多くの耳に届いたのは、１９８０年頃に米国の政治学者ヘンリー・キッシンジャーが米ソの東西対立などでの演説で多用したことによる。日本が大東亜共栄圏を唱えて太平洋戦争へと突入していった発想の根源もこの地政学にある。

地政学は、国家などの地理的位置関係と政治や軍事、社会とのつながりを説いた学問であったが、たぶんに政治的に利用されやすい性格のものであったといえる。

では日本の未来に向けて地政学的な考察をするならばいったいどうなるだろう。どの地方が、どういった観点から発展をしていくのだろうか、また世界の政治的動きや経済成長が日本の不動産にどのような影響を及ぼすことになるか、という問いが思い浮かぶ。このように、不動産の未来を考察するうえで地政学的な俯瞰《ふかん》は必須なのである。

日本は戦後長らく、輸出型製造業を産業の主力として発展を続けてきた。そしてその相手国は米国が中心だった。日本で製造された鉄鋼や自動車、電気製品は太平洋を渡って米国に大量に輸出されたのである。そうした意味では、日本は太平洋に向かって、つまりLOOK EASTの時代が長く続いたことになる。1995年における貿易統計をみると、日本の貿易相手国は輸出入総額ベースでみて米国がトップの18兆4094億円、貿易額全体に占めるシェアは25・2%に及んでいた。

ところが四半世紀後の現在、2020年では貿易相手国のトップは中国。その取扱額は32兆5898億円でシェアは23・9%、米国は20兆6444億円でシェアは14・7%まで低下している（図表⑦）。

さらに注目されるのが、金額の伸びである。この25年間、米国との貿易額は8・9%の伸びであったのに対して、中国との額はなんと6倍に跳ね上がったという事実だ。またアジアおよびASEANエリアの貿易額は2020年で全体の69・2%を占めるに至っている。今や我々日本の商売相手は、日本の西側にあるのである。時代はLOOK WESTだ。

東京に住んでいるとあまり気が付かないが、西日本、たとえば福岡や沖縄から中国をはじめとしたアジア諸国に向かうのはとても快適である。福岡空港からだと羽田に行くのも上海に行くのも時間距離はほとんど変わらない。東京から中国をはじめとしたアジア、A

## 図表⑦　日本の貿易相手国

（単位:億円）

| 1995年 | |
|---|---|
| 米国 | 184,094 |
| 中国 | 54,428 |
| 韓国 | 45,500 |
| 台湾 | 40,566 |
| ドイツ | 31,964 |
| その他 | 374,244 |
| 総計 | 730,796 |

（単位:億円）

| 2020年 | |
|---|---|
| 中国 | 325,898 |
| 米国 | 200,644 |
| 韓国 | 76,082 |
| 台湾 | 76,021 |
| タイ | 52,626 |
| その他 | 632,829 |
| 総計 | 1,364,100 |

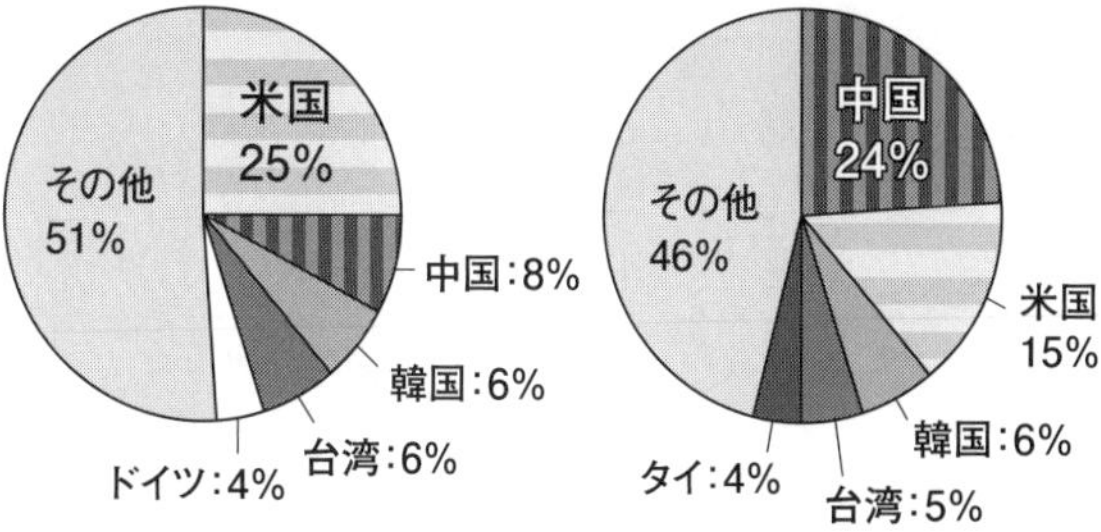


日本の貿易相手国で中国は無視できない相手国になっている
（円グラフの数字は概算）

SEAN諸国を見るのと、九州や沖縄から見る姿は異なるのである。

この九州、沖縄地方の地政学的な優位性は、日本の不動産の未来を考えるうえで重要な示唆を与えている。21世紀における経済の発展の軸はあきらかに日本の西側にあるからだ。熊本県に半導体の最新鋭工場が建設されるのも、その裏側にある様々な事情は別として、不動産活用のチャンスが到来していることを意味しているのである。

アジアに近いという意味では、金融でも九州、沖縄は優位な立地にある。よく東京を国際金融センターにと政治家やデベロッパーは言うが、地政学的には上海や香港、シンガポールに近い福岡や那覇のほうが、その可能性は高いと言ってよいだろう。

急激な経済成長を遂げ、GDPでも日本を追い越し世界第2位の経済大国に躍り出た中国に対し、日本人の多くはある種のやっかみを抱き、社会主義市場経済を標榜《ひょうぼう》し、世界に覇権を広げようとする中国の軍事的野望を脅威に感じ、人権問題を絡めて米国や英国に便乗してこれを排除しようとする動きがあるが、我々日本人はこの先の未来を冷静に見定め、地政学的に極めて近距離にある大国、中国との接し方を考えていく必要がある。

日本の未来は経済の中心が西に動いていくことはおそらく間違いがない。不動産の可能性も西に向かって開けている、これだけは確信をもって言うことができるだろう。

## 日本のリゾートはアジア富裕層の遊び場に

日本で最初にリゾートブームを巻き起こしたのが80年代後半のバブル経済だ。カネ余りの現象は地方経済にも及び、その流れを加速させたのが87年に制定された総合保養地域整備法、通称「リゾート法」である。この法律は豊かになった国民生活を背景に、リゾート産業の振興と国民経済の均衡的発展と促進を目的とし、多様な余暇活動を楽しめる場を民間業者の活用に重点をおいて総合的に整備していくためのものだった。

これに目を付けた代表的なリゾート開発が宮崎シーガイアである。宮崎県と宮崎市は「宮崎・日南海岸リゾート構想」を策定、リゾート法施行後第1号の認可案件となる。中核施設として「宮崎シーガイア」を設け、運営会社のフェニックスリゾートは県と市が出資する第三セクターの形態を採用した。

93年7月には奥行き300メートル、幅100メートル、高さ38メートルもの巨大プールを備えた「オーシャンドーム」、ゴルフコースなど5か所の施設が先行開業。94年10月にはホテル、5000人収容のホールを持つシーガイアコンベンションセンターやアミューズメント施設が加わって全面開業を迎える。

だが2000億円を超える事業費を投じたこの施設も開業時にはバブル経済が崩壊。施設は毎年200億円以上の赤字を計上。2001年2月には3261億円の負債を抱え会社更生法の適用を申請する。同年6月には米系投資会社リップルウッドにわずか162億円で買収される。

リップルウッドはホテル部門をシェラトンにブランドチェンジ、赤字の元凶だったオーシャンドームを閉鎖、2007年3月決算では開業以来初の営業黒字を達成し、12年3月には現在のオーナーであるセガサミーホールディングスに売却する。

オーシャンドームについては県での活用も模索されたが、結局17年には解体され広大な更地となっている。

長々と紹介したのは、これまで日本各地で盛り上がってきては失敗した数多くのリゾート開発の代表的事例ともいえるのが、宮崎シーガイアであるからだ。当時の顧客は日本人オンリーだった。バブル経済で潤った一部の金持ちと、国力が絶頂を迎えバブル景気にはしゃぐ一般国民の遊び場としてオープンしたのだが、ハコもの中心の施設構成と稚拙な営業計画、巨額な事業費と借入金、今の目で見ればこの事業が早晩破綻《はたん》を迎えるのは誰にもあきらかだ。まだ富裕層の育っていない日本でバブルに浮かれた層だけを相手に、無謀な巨額投資で造ったリゾート施設が成功するわけはないのであった。

お決まりのように外資に想像だにできない安値で買い叩かれ、ちょっと化粧直しして成績を黒字化して、出口でハイ、売却。本当にいいようにやられてきた。バブル経済に浮き立ち、大失敗をした挙句、外資にいいように騙《だま》されて多額の儲けを献上してしまう日本の稚拙さの典型だ。

この痛い体験がトラウマになるところも日本人の悪い癖だ。羹《あつもの》に懲りて膾《なます》を吹くというやつだ。私は2019年に大分県別府市に誕生した九州初の5スターリゾートホテル、ANAインターコンチネンタル別府リゾート＆スパのプロデュースを行ったが、この計画を立案した2015年当時、多くの不動産会社や金融機関からは当時廃れ気味だった別府に超高級リゾートホテルを建設する、などという計画は荒唐無稽だとされ、鼻から笑われて誰からも相手にしてもらえなかった。だいたい当時の別府はどちらかと言えば静岡県の熱海と並び、「下り坂」の温泉街。ここに5スターリゾートができるなどという発想はなかった。

だが時代は進み、環境は変わるのである。不動産の専業ではないリース会社が事業主となり、IHGという世界4大ホテルグループの一角の関心を呼ぶことに成功した結果、プロジェクト費用はシーガイアの数パーセントで完成したこのリゾートホテルは、今や九州を代表するリゾートになっている。主力の顧客は国内富裕層とアジア富裕層。比率はコロナ前で7対3。コロナ禍でも大勢の日本人富裕層が密を避けてこの高級リゾートの滞在を楽しんだという。

今や外資系高級ホテルは、日本のリゾートとしての可能性、高級ホテル進出の可能性について極めてポジティブである。国内に十分な富裕層が育ち、また日本はアジア富裕層の遊び場として完全に認知されたことがその理由である。彼らは、最近ではスキーの楽しさにも目覚め、今や長野県の白馬や北海道のニセコでもオーストラリアやニュージーランドのスキーヤーに混ざり、香港や中国、台湾のスキーヤーの進出が話題になっている。

ところが、現状でも私の会社でいくつかのリゾート案件を扱っているが、日本の金融機関はリスクの指摘に余念がなく、リゾートと聞いただけで腰が引けるようだ。私からみればこれからの未来、需要がしぼみつつある巨大なオフィスビル建設よりも、むしろリスクが少ないとも思えるのだが、日本はいつのまにか、発想の転換がなかなか進まない国になってしまっているように映る。

中国人や韓国人富裕層からみれば、日本、特に九州や沖縄は、国内旅行の延長なのだという。日本は自然が豊かで食べ物がおいしい、治安が良く、交通網が充実。旅行をするのにこんなにチャーミングな国はないのだ。羽田から福岡に行くのと同じ感覚で上海から福岡に降り立つことができるのだから、今後も増加を続けるアジア人富裕層の遊び場は、不動産が活躍できる可能性がおおいに期待できるのだ。そうした意味で九州や沖縄に待つ未来は明るいのだ。

## 国防と土地利用規制法の意味

地政学的にみて、これからの世界で対立を深める米中の狭間にあって、日本は難しい舵《かじ》取《と》りを迫られることになるのは必定だ。インバウンドというと、日本に旅行にやってくる外国人の顔ばかりが思い浮かぶが、彼らが日本にやってくる目的は遊びだけではない。日本の不動産を物色するという目的の人も実は多いのだ。

背景にあるのがまず、日本の不動産は安い、ということだ。安い国ニッポンとして散々紹介してきたが、今や円の安さは、日本という国自体を安売りしているに等しい状況に追いやっている。おまけに日本は資本主義国家であるから、特に中国人からみれば、ここに財産を持つのは安心・安全なのである。もちろん景観は良く、自然が豊かで食べ物がおいしい、治安がよい、といつもの美辞麗句が並ぶ。

今まで日本人には誰からも見向きもされなかった土地が売れる。長崎県の対馬《つしま》などは、訪れる韓国人たちが不動産を次々に購入。壱岐《いき》や対馬が第二、第三の竹島になると懸念する声まで上がり始めるに至って、国内でも初めて防衛上、国境近くの土地や軍事基地周辺、重要な社会インフラ周辺の土地をやすやすと外国人に売ってもよいのかという議論になった。

2021年6月16日には、参議院にて審議されていた「国家安全保障上重要な土地等に係る取引等の規制等に関する法律案」、通称土地利用規制法案が自民、公明、日本維新の会、国民民主などの賛成多数で可決成立した。

この法案は、先述したように国内の防衛施設や原子力発電所などの重要な施設周辺、あるいは国境近くに存在する離島などで、主に外国資本などによる土地の買収を、安全保障上のリスクととらえ、こうした取引に関して一定の規制をかけることを目的とするものだ。

具体的には、対象地域を防衛施設、原子力施設等の国家安全保障の観点から重要な施設および設備や国境離島が対象となる第1種重要国土区域と第2種重要国土区域に分け、この区域内の所有者の氏名、地番などの住所、地目、利用実態などに関する調査や境界、面積などの測量を行えるようにするものである。

実際に対象となる地域に関しては、国境離島で484カ所、防衛関係施設で500カ所以上とされるが具体的なリストは公表されていない。

この法案の背景には、相次ぐ外国人による日本の土地の買収がある。長崎県対馬において自衛隊基地周辺の土地が買収された。また、民間航空および自衛隊が利用する北海道の新千歳空港周辺でも外国人による土地の買収が行われ、水源地や広大な面積の山林なども対象になっている。

実は日本の不動産所有権は世界でも珍しいほど私権が強いと言われる。欧米など先進国では防衛上の観点から、国の重要な施設である防衛施設や空港、港湾施設などの周辺での不動産売買は禁止されているか、許可制、届け出などが義務付けられている。

またイギリスでは土地は所有するのではなく、国から借りる、つまり借地契約の形態をとる。東南アジアで不動産売買を行う場合でも、外国人や外国資本は所有権の50%未満にし、過半数を自国民または自国の法人が所有しなければ、保有を認められないところが主流だ。

それに引き換え、日本は国中どこの土地であっても売買は基本的に自由だ。そして不動産の所有権は強固であり、公といえど、勝手に私有地に出入りしたり、所有者を調査して指導や命令などはできない仕組みになっている。

したがって世界的にみても所有者の権利が強く守られている日本の不動産は、外国人投資家にも人気が高い。中国人などは、自国で稼いだカネの投資先として、日本の不動産を買いたがる。彼らは自国ではいつ資産を没収されるかというリスクに常に晒《さら》されている。コロナ前などは、大量に押し寄せた中国人観光客の中には、まるでお土産を買うような気分で、都内のタワマンを買って日本滞在時のホテルがわりにしたり、息子や娘の日本留学用の住まいにしたりする人がいる、はては滞在した温泉地が気に入って旅館ごと買収するなど、豪快な買い物が話題となった。最近では当初オーストラリア人やニュージーランド人が主流だった北海道ニセコのスキーリゾート周辺も今や中国人を多く見るようになっている。

こうした動きは不動産を仲介する立場からはありがたいことだ。中国人富裕層は急拡大している。グローバルウェルスレポートによれば、2018年における、不動産を除く純金融資産で100万ドル以上を保有する中国人の数は428万人、アメリカの1793万人につぐ世界2位、3位である日本人283万人を大幅に上回っている。外国人富裕層が日本の不動産の安全性を評価して、日本人が驚くほどの高値で不動産を買い求めるのは、ビジネス上は悪い話ではない。

だが、こうした行為も日本の国防上重要な施設や設備、あるいは国境離島のような地域になれば話は別だ。自衛隊や米軍基地周辺の土地が買収されて、攻撃を受ける、妨害電波などを発信されて混乱に陥る、などのあらゆるリスクに対して、日本はこれまであまりに無防備であったと言わざるを得ない。

今回の法案では、対象区域での売買において、仲介業者に重要事項説明義務を課したり、一定面積以上の取引については事前に届け出ることなどを義務付けている。また地域内調査などで、こうした施設などの機能を阻害する可能性がある行為に対しては、中止命令に従わない場合の刑事罰なども科せられる。いっぽうで国の関与によって取引が阻害された場合には、国に対して買い取りを請求できる仕組みも設けている。

国会での政府説明によれば、今回の法律が及ぶ範囲はあくまでも土地利用の観点からであり、無関係なものは対象外とする、としているが、これらは政令で定めるとしているため、その全容はあきらかではない。

日本の不動産の私権が必要以上に強いがゆえに、対策が進まなかった事例に先述した空き家問題がある。国内の空き家数は848万戸と日本の住宅総数の13・6％にも及んでいる。地域内に空き家が存在して、地域環境を悪化させていても、自治体などが空き家に立ち入ることはもちろん、所有者を特定して指導や勧告、撤去などの命令を行うことができなかった。だが2015年に制定された空き家対策特別措置法によって、特定空き家に認定された空き家については、一定の私権制限を行うことができるようになった。放置することによって生じるリスクに事前に対応できるようにした画期的な法律であった。

今回の土地利用規制法も、あまりに自由を謳歌《おうか》する日本の不動産所有に、国として一定の制約を課すという点で、将来にわたって国土防衛上極めてまっとうな法律である。

日本人は変化することに弱い国民性といえる。これまで良かったこと、認められてきたことに変化を加えようとすることに強い反発を示す。

「今までもそんなに多く、外国人が防衛施設周辺や原子力発電所周辺の土地を買った事例は少ない」などと反論をする向きもあるが、買い占められて何か問題が起こった時には遅いのである。

あらゆるリスクファクターを想定したうえで、変化の先に起こることに対処する、それこそが国土を守ることだ。そして国土防衛のための対処法も時代とともに変わる。もっともそのルールを恣意的にではなく、国民に対して責任をもって運用していく健全な政府があっての話である。

これからの日本の未来は国防にも相当の神経を使った運営が必要な中、ただ浮かれポンチに「売れるからいいや」で不動産を怪しい外国人に売りまくってはならないのだ。不動産は国家の重要なインフラであるからだ。

## エネルギーの未来と国土

2021年4月22、23日米国主催でオンライン開催された気候変動サミットで日本の菅首相は日本として2030年度までに温室効果ガスの排出量を2013年度比で46％削減すると発表した。これまでは26％の削減目標であったが、目標の大幅な上方修正を施したものとして世界の耳目を集めた。米国は2005年比で50％から52％、カナダが同40％から45％の削減目標を掲げ、英国は2035年までに1990年比で78％の削減、EUも2030年までに90年比で55％の削減目標を掲げた。日本、米国およびEUは2050年までのカーボンニュートラル、温暖化ガス実質排出量ゼロを目指すことも合意しているが、こうした動きからは、世界における環境問題が深刻の度を増していることが窺える。

さらに同年10月31日から11月13日までの二週間にわたって英国グラスゴーで開催されたCOP26（Conference of the Parties：国連気候変動枠組条約第26回締結国会議）では地球温暖化を阻止するために、産業革命前からの気温上昇幅を1・5度に抑制するために世界が努力するとの文言が明文化された。この目標達成のためには2050年までに二酸化炭素排出量を実質ゼロにする必要があり、２０３０年までに２０１０年比で45％削減する必要があると言われている。

日本国内での二酸化炭素排出量は２０１９年度で11億７９４万トンに達するが、直接排出量では発電などのエネルギー転換部門の割合が39％を占め、間接排出量では工場などの産業部門が35％、航空、自動車などの運輸部門が18％、商業、サービス、事務所などの業務その他部門が17％などとなっている。今後はこれらの各部門で目標に向けてどれだけの施策を打ち出していくかが、重要な課題になる。

特にエネルギー転換部門での電力構成については、太陽光発電を含めた自然エネルギーの供給割合を増やしていくことが求められる。２０２０年の全発電電力量のうち、太陽光や風力、水力、バイオマス（間伐材などを利用したもの）、地熱などの自然エネルギーによるものの割合は20・８％である。日本の現在の発電の主力は火力によるもので74・９％を占め、そのうち石炭火力は27・６％、ＬＮＧが35・４％である。また原子力は多くの発電所が休止状態にあることからその割合はわずか４・３％にとどまっている（図表⑧）。

政府は２０３０年における電力構成の割合について、太陽光などの再生可能エネルギーで22％から24％、原子力で20％から22％、火力を56％、うち石炭火力を26％にするとして

**図表⑧　日本の全発電電力量に占める自然エネルギーの割合**

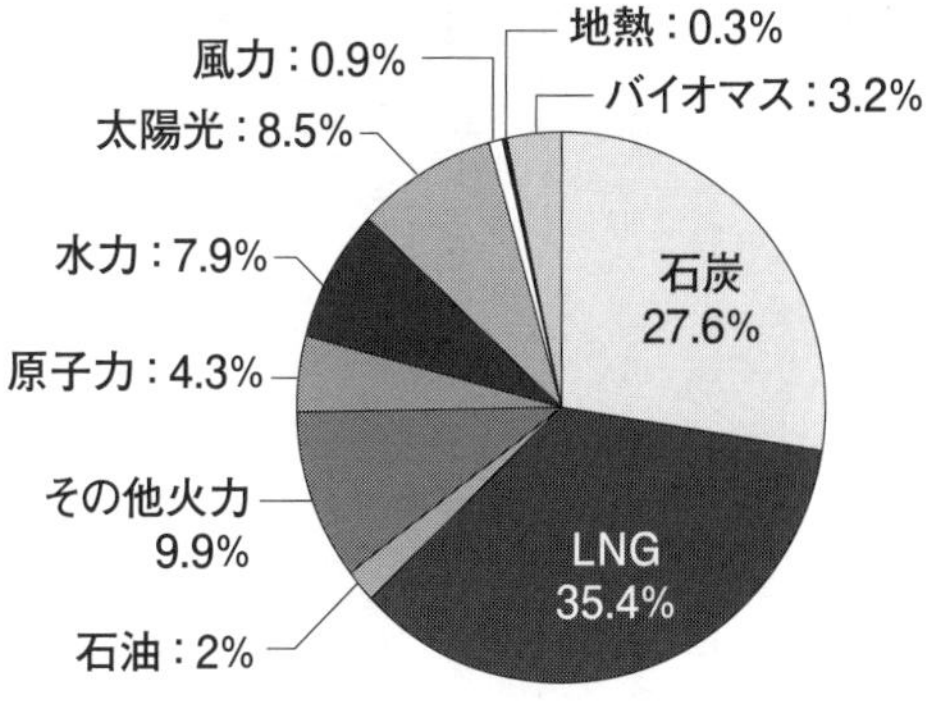


日本はいまだ火力に頼ったエネルギー構成になっている
出所：電力調査統計などよりISEP作成

いる。メディアでは原子力発電所のなし崩し的な再開が前提であるとの批判を展開するが、２０３０年の全発電電力量の半分を再生可能エネルギーで賄うのはあまり現実的とは言えず、ある程度の割合を原子力発電で補っていかない限り、温室効果ガス削減目標には到底届かないことは明白である。

　さてこうした世界的な地球温暖化対策に日本も追随しなければならない中、対策の線上に不動産の未来はどのように関連していくのだろうか。

　まず貢献できるのが太陽光発電だ。太陽光発電は、シリコン半導体などに光が当たると発電する性質を利用し、太陽の光エネルギーを太陽電池によって直接電気に変換する発電方法だ。導入当時は太陽光発電によって生まれた電気の買い取り単価が高かったためにブームとなった。その後単価は下がったが、中国製などのパネル価格が大幅に下がり、再び採算が合うようになったという。すでに国内各地には大量の太陽光パネルが張り巡らされている。パネルはある程度の日照時間が確保できる土地さえあれば、比較的簡単に設置できるのが強みだ。また設置に対する規制が少ないこともあって、活用方法が少ない山林や休耕地などでの設置が相次いでいる。いっぽうでパネル設置が景観を害するなどの「パネル公害問題」が発生している。とりわけ観光地などでは死活問題になる。今後、設置場所の規制も重要な課題となるだろう。

カーボンニュートラルの流れは、今後実質排出量をゼロにできた企業に対しての減税や補助金支給などの恩典ができる可能性があるいっぽうで、達成できない企業に対して一定のペナルティを科す。貿易においては、未達成国からの輸入品に一定の関税をかけるなどの措置がとられることが予想されている。これは不動産会社にとっても例外ではない。すでに大手デベロッパーが、今後都心部のオフィスビルの電気をすべて太陽光発電で賄うために、都心部に大量の太陽光パネルを設置するなどの計画を打ち出している。

また地球環境に配慮するため、建設工事において二酸化炭素排出量の少ない機械の採用、マンションなどの内装材にも環境に優しい素材の採用、鉄筋コンクリートから木造建築への転換などを掲げる企業が増加している。ハウスメーカーの中には、ZEH（ゼロ・エネルギー・ハウス）を商品企画化したり、積極的に森林の保護、育成を掲げ、間伐材を利用したバイオマス発電に進出するところも出てきている。

不動産に携わる企業、社員の間ではこれまで、環境問題に対する意識は希薄だった。私自身、大手デベロッパーでオフィスビル開発の仕事に携わっていたとき、オフィスビル環境対応基準のひとつであるCASBEE（建築環境総合性能評価システム）の取得を推奨されても、たとえば最高ランクのS評価を取得して賃料が上がるわけではなく、評価基準を満たすために多額のコストをかけることに正直疑問を抱いていた。

だがこれからの世の中ではただ経済合理性だけでプロジェクトを判断することは、最終的に自分たち人間の存立を脅かすものとの自覚に立たなければならない。環境問題への対応こそが、不動産の未来であるとの認識がこれからの新常識なのである。

## 作りすぎてしまった空港の結果オーライ

日本は狭い国土の中になんと97もの空港を抱える。日本航空機開発協会の調査によれば、

2019年で世界には約3526の空港が存在する。国土が広く、航空による交通が発達した米国での402カ所を筆頭に中国が236カ所、カナダ233カ所、ロシア164カ所の順となる。

日本は6852の島を有する島国であり、山岳が多いためとも考えられるが、同じく島国で1万4000もの島を擁するインドネシアで125カ所、フィリピンでは日本の半分以下の43カ所しかない。

一口に空港といっても、日本では空港はその機能によって「拠点空港」「地方管理空港」「その他の空港」「共用空港」の4つに分類されている。このうち拠点空港と呼ばれるものは、国際、または国内航空輸送網の拠点となる空港を指し、「会社管理空港」「国管理空港」「特定地方管理空港」に分かれる。

このうち会社管理空港は成田、中部、関西、大阪の4国際空港、国管理空港は、羽田、新千歳、福岡などの19空港、そして国が設置し、地方自治体が管理する特定地方管理空港は旭川や山口宇部などの5空港で、拠点空港は計28ある。

地方管理空港は拠点空港以外の、重要な国際、国内航空輸送網の拠点となる空港で、地方自治体が設置、管理するものを指す。現在その数は54カ所、国内の空港の半分以上がこの分類になる。

その他の空港は、調布飛行場や名古屋飛行場などの比較的簡易な空港で7カ所。共用空港は自衛隊百里《ひゃくり》基地と共用する茨城空港などの空港を指し、8カ所が存在する。

空港建設はこれまで悪しき公共投資の代名詞にもなってきた。国土が狭く、新幹線や高速道路をはじめとした陸上輸送が主力の我が国で、空港を建設することは無駄な公共投資であると、多くのメディアから指弾されてきたのだ。2009年開業の富士山静岡空港は開業間際に空港至近にある樹木が航空法に抵触する恐れがあるなどとされ、開業が遅延する。茨城空港は首都圏第三空港として2010年に開業するも、空港を訪れるのは自衛隊百里基地から飛び立つ自衛隊機のカッコよさをカメラに収めようとする見学客だけ、などとメディアからは嘲笑される始末だった。

だがこうした揶揄《やゆ》を覆すのは時代の流れだ。地政学上、近年のアジア経済の急速な成長がその背景にある。経済成長の恩恵を受けた中国、台湾、香港、韓国などの人たちが続々日本に観光に訪れるようになったのだ。コロナ禍によってこの2年間はご無沙汰であるが、彼らにとって日本への旅行は、日本人にとっての国内旅行とほぼ同じ感覚と言ってよい。

また自然環境、食事、交通、安全など観光、旅行にとっての好条件がすべてコンパクトに揃っている日本は、彼らからは格好のターゲットになっている。すでに何度も日本に足を運んでいるリピーターが多いのも特徴だ。

彼らは単なる物見遊山を卒業して、日本の文化や芸術などにも造詣を深め始めている。またコロナ禍を通じて、日本人などと同じように、「働きながら旅する」ワーケーションを実践している。これまでの2泊3日での訪日弾丸ツアーなどと言われた旅行ももはや昔の話。ワーケーションを前提とすれば、滞在時間も長期化してくるだろう。

さらに彼らは東京や大阪、京都といったティピカルな都市だけでなく、日本の地方都市、たとえば金沢、高山、広島、長崎などの地域の持つ良さに気が付き始めており、こうした傾向が地方空港を、単に東京と地方とを行き来するためだけではなく、ハブ空港を起点とした日本各地への旅の足として利用するきっかけになっていくものと想像される。

地方空港の可能性は観光だけではない。豊かになっていくアジア諸国で勃興している富裕層相手の商売だ。日本はかつて輸出型製造業の国として隆盛したが、今は一部の産業を除いて、工業製品の国際競争力は地に落ち、輸入大国への道をひた走っている。

そのいっぽうでアジアの特に富裕層の間で、日本の優れた飲料や農作物、加工食品、調味料などを求めるニーズは強い。日本の醤油や味噌などの調味料、牛肉、加工品などの畜産物、日本酒、緑茶、メロンやイチゴ、リンゴなどの高級果実は、アジアではびっくりするような高価で取引される。

特に生鮮品については鮮度が命、輸出にあたっては地方空港の中でハブとなる空港を整備し、国内空港と接続したうえで海外に輸出する輸送網の構築が急がれる。ここでバリアーとなるのが空港というハコがあっても中身の整備が伴わないことである。地方空港の多くが、海外との輸出入にあたって必須の機能であるCIQ体制を整えていないことにその原因がある。

CIQとはCustoms（税関）、Immigration（出入国管理）、Quarantine（検疫所）の総称であるが、この機能がない限り、地方から海外への直接の輸出は不可能になる。以前、私の会社で、茨城空港に対して、茨城県をはじめとした北関東のメロンやイチゴなどの果物や日本酒などの海外輸出体制の構築を提案したが、応対した県職員からは「私たちは空港の管理をしているだけで、そのような提案をしてこられても困る」とにべもない返答を受け、面食らったことがある。

こうした空港の輸出入機能の整備が進めば、空港は単なる旅行者の通過ポイントであるだけでなく、バイヤーが宿泊するためのホテルや輸出入業者の拠点、滞在用の住宅の整備など、街としての機能を形成することができる。空港に不動産の風が吹くのである。

少子高齢化などとできない言い訳を繰り返すのではなく、海外との接点である空港の機能を充実させる先に地方の未来は広がっているのである。97も造ってしまったと批判するのではなく、未来にこそ造りすぎてしまった空港の価値が問われているのだ。

## 海を「強み」にする

日本は南北が2845km、東西が3142kmにもおよぶ長大な国土を持つ。大小の島々が点在するために海岸線は実に3万5000kmにも及んでいる。そのため国内には993もの港湾が設置されている。

明治になって鉄道輸送が発達するまでは、日本の物流は海上交通がメインであった。江戸時代に栄華を極めたのが北廻り航路で、地方の豊かな産物が北前船で京都や大阪などに搬送された。したがって今でも日本海側の港町を歩くと、この航路沿いの土地の建物、文物や芸能文化が海路を通じて伝承されていることに気づく。

山形県酒田市は、北前船の寄港地として栄えた商業都市だが、ここに伝わる、傘福《かさふく》をはじめとした文物や風俗に、京都の文化をいたるところに感じることができる。以前、長崎の居酒屋を訪ねたとき、店主の一族はもともと山形県の庄内地方の出身だといい、庄内地方の料理もメニューに入っていて驚いたことがある。また鹿児島に本拠を持つ百貨店山形屋も創業したのは山形県庄内地方出身の商人で、薩摩藩の島津氏から重宝がられて拠点を作ったのだと伝えられる。これらは陸上交通では決して実現しない、海を通じた交流の証なのである。

だが戦後における、鉄道、新幹線と高速道路を主軸にした陸上交通網の整備は、海上交通の衰退を招いた。発達する物流においても高速道路を走るトラック輸送が主力となり、日本の港は海外への工業製品の輸出と原材料や食料などの輸入を扱う海外との貿易港としてのポジションにフォーカスされている。

だが観光という面からみれば、港湾の持つ可能性はもっと広がるはずだ。以前、カナダのバンクーバーを訪れた際の話だ。バンクーバーでの仕事を終えた私は、翌日、対岸にあるビクトリアのホテルでの会合を前にして、戸惑ってしまった。バンクーバーからビクトリアまで陸上を車やバスで走ると数時間、フェリーボートもあるがやはり同様に長時間の航海が必要だという。出張期間が限られる中、時間割に困った私がホテルのコンシェルジュに最も早くビクトリアに行く方法がないか尋ねたところ、彼女はニコリとして、

「明日の朝、港に行ってください。水上飛行機があるので料金は高いですが一番早くにビクトリアにアクセスできます」

と言う。翌朝決められた港に行くと、チケット小屋があって、そこにビジネス客と思われる数名がホットドッグを食べながら待合所にいる。そして港の桟橋には10数名ほどが乗れる小型水上飛行機が4、5機ほど並んで停泊していて、客の数が定員に達し次第次々と飛び立っていく。まるで乗り合いタクシーである。

この方法で、わずか30分ほどの時間で私はビクトリアの港に立つことができたのだ。バンクーバーからビクトリアの付近はリアス式の入り組んだ入江が連続する土地。低空飛行の水上飛行機から眺める景色は圧巻の一言だった。交通の主力は車でも鉄道でもない、水上飛行機なのだ。

同様のことは日本にも当てはまる。やはり仕事で訪れた三重県志摩《しま》でのこと。市内にあるいくつかの別荘を視察しようとしたとき、地元の方が船をチャーターしてくれた。志摩はリアス式の海岸線が続き、車では直線距離では近くとも、曲がりくねった道を延々と走らなければならない。ところが船を使えば、海上から多くの物件を視察できると聞いてなるほどと思ったものだ。観光用に遊覧船はあるが、目的がはっきりしたビジネスで、船を使った視察ができるのは新鮮だった。伊勢志摩は観光地として、移動が意外と時間がかかる。そのため伊勢神宮だけを拝んで帰ってしまう観光客が多い。鳥羽《とば》を含めて海上交通や水上飛行機などを活用すると移動の幅は大いに広がるはずである。

また鳥羽の対岸にある愛知県田原《たはら》市の伊良湖《いらご》岬との間には伊勢湾フェリーが就航しているが、フェリーに加え水上飛行機を渥美《あつみ》半島の北側の三河《みかわ》湾まで飛ばせば双方の利便性は飛躍的に向上するはずである。豊橋とつながれば新幹線からの乗り換えで一気に鳥羽まで飛べることになる。水上飛行機の利点は巨額の費用をかけて空港を作らなくてもよいことにある。観光用にもビジネス用にも人を行き来させる仕掛けを施すことで、海はもっと活用できるはずだ。

こうしたアクセスポイントの機能強化は、港を活性化させ、そこに集まる人を目当てにした商売を成り立たせて、不動産の需要を生み出すことができるのだ。

海をテーマとした観光開発をするにあたってバリアーとなるものに漁業権がある。日本の漁業権は利権となっていて、流動化していない。新たに若者が漁業に挑戦しようにも、漁業権を確保できないと魚すらまともに獲ることができないのが今の日本だ。島根県の隠《お》岐《き》の島、島前《どうぜん》では町長が中心となって高齢化した漁師の漁業権を島に移住してくる若者に積極的に譲渡したことで地域活性化につなげた例があるが、まだ珍しい事例だ。

また日本の海岸は民間では手を付けることができない。日本の海岸線はほとんどが国や自治体の管理下にあり、海岸に商業施設や宿泊施設を整備することを阻んでいる。アジアンリゾートに出かけると、海面に突き出たヴィラに宿泊できたり、ドバイには海面に浮かんだ水上ホテルなどがあるが、海面をいじる開発は日本ではまず認められることはない。せっかくこれだけ魅力的な海が日本中いたるところにあるというのにである。

3万5000kmもある海岸線を日本は十分に活用できているとは言い難いのが現状だ。ただ逆に考えるならば、この海岸線を戦略的に活用し、海の拠点同士を船や水上飛行機といった、新幹線や高速道路のようには巨額費用のかからないコミューターでつなげていくことに未来がある。海の活性化は行き交う人々のための交流施設や宿泊、飲食施設、そこで働く人たちの住居など様々な不動産需要を喚起する。これは地域活性化のための一つの成長戦略なのである。

## DX化社会と地方創生

DX（デジタル・トランスフォーメーション）が流行である。これは2004年にスウェーデンのウメオ大学のエリック・ストルターマン教授が唱えた概念で、「IT技術の浸透が、人々の生活をあらゆる方面でよりよい方向に変化させること」というものだ。

この定義だけでは曖昧過ぎて釈然としないが、デジタル技術は現在の我々の社会には既になくてはならない存在となっている。我々がアマゾンや楽天を通じて日々楽しんでいるショッピングもDX化による買い物技術の進化なのである。

そして今後、このDXは日本の風景をも一変させる可能性に富んだものなのだ。それはこれまで都会と地方との間に厳然と横たわっていたバリアーの数々を崩壊させるだけのパワーを持つものといってよいのである。

不動産の世界は、こうしたテクノロジーの導入が最も遅れた業界だった。理由は3つある。まず不動産はドメスティックな商品であり、工業製品などと異なり、海外などからの代替品にとって替えられることはなく、一部の権利者だけの所有物であったこと。そして、不動産の一つ一つはすべて唯一無二のものであることから、変数が多くてデータ化に馴染《なじ》まず、テクノロジーが入りにくい構造にあること、そしてこの商品の取り扱いは宅地建物取引業法という法律によって規定され、業者は法律の中で固く守られ、他業界、他社の侵入を防いできたということがある。

いまだに不動産関係者とＤＸの話をして驚くのは、彼らがＤＸとは何やら業務改善のためのツールとしか思っていないフシがあることだ。たしかに不動産取引の際の重要事項説明をこれまでの対面によるものから賃貸借に関しては、オンライン上で行ってもよくなったとか、登記簿謄本や公図がオンラインで取得できるようになったとか、ＧＰＳアプリを利用すれば、取引する土地情報を瞬時に取得できるなど、デジタル化によって便利になったことは多い。

だがＤＸは業務改善、生産性向上のためにとどまるものでなく、ここに新しいビジネスが生まれる広大なブルーオーシャンが広がっていることを自覚している業者は少ない。

ＤＸは都会と地方の垣根、バリアーを壊す威力を持つと言った。垣根が壊れるということは不動産が今まで以上に活発に動き出すことを意味する。これまで東京が日本におけるあらゆる分野での頂点に君臨してきた。たとえば大きな仕事をしたい、優秀な人材に出会いたい、世界の技術、テクノロジーに触れたいと思えば、地方の人は東京に出ていかなければならなかった。これからの未来は、地方にいても東京の会社に入社し、地元で業務を行うことが可能になる。そして苦労することなく東京の情報、人、技術に接することができる。

企業も社員に地方の支社、営業所に転勤させる、単身赴任を課すなどの理不尽な業務命令を下さなくてもよくなる。これは業種、職種によってはすべてオンラインで仕事が完結することに、コロナ禍の後押しもあって多くの企業が気づいたからだ。単身赴任サラリーマンの憧れだった札幌、福岡赴任も、経営層など一部の職種を除いてはなくなっていくだろう。これは不動産の世界では、単身赴任用の賃貸アパートやマンション需要が消滅することを意味する。

いっぽうでデジタル技術の進展は、不動産ビジネスに新しい未来を呼び込んでくる。好きなときに好きな場所で好きな仕事をやるという未来は、人々の生活基盤や行動範囲を大いに変えさせることにつながる。

すでにコワーキング施設は、ビジネス社会の中で完全な市民権を得た。オフィスというハコに拘《こだわ》らずに「旅をしながら働く」というワーケーションの動きも活発になってきた。この受け皿として、地方のホテルや旅館でのサブスクサービスだけではなく、空き家などを利用した多拠点居住サービスが展開されるようになった。私が主宰する全国渡り鳥生活倶楽部もまさに「家のＤＸ化」を狙ったもので、会員は自分の本拠は定めながらも、自らの時間割の中で地方・地域生活をエンジョイしている。空き家という劣化した社会資本に再び息吹を与え、必要な人が必要なときに利用できるようにするシステム構築は、デジタル技術でどこからでも予約でき、また生活していく上での支障もデジタル化によってほとんどなくなるという点で、新しい生活の未来を創造することにつながるものだ。

どの地方や地域にいても、東京にいるのと同じような情報通信インフラがあり、働くのに支障のない設備仕様が整っていれば、何も全員が東京に集結する必要はない。高い生活コストを払うわりに満足できる住環境を整えることもできず、毎日ストレスを増幅させる通勤に耐えて日々を過ごすことの不合理性に、多くの人が気づき、DXを通じて実はどこにいても同じような生活を送ることができるということが理解されるならば、いろいろな地域が生活の場となっていくことだろう。

EC（電子商取引）の発達と物流網の整備は、都会と地方の生活格差を一層縮めるものとなる。どこにいても東京に住んで得られるのと同じ商品が手に入るのであれば、もはや東京に憧れすら感じなくなるかもしれない。

地方と都会の情報格差がなくなり社会のフラット化が進めば、新しい産業の勃興も、新しい芸術や文化の出現もその出自が変わってくるだろう。それはこれまでの視点とは異なる全く新しい角度からの世の中の見方、生活に対する価値観の表現となるだろう。

ＤＸ化が社会にもたらす影響は不動産のフラット化をすすめることにつながる。地方であれば土地代に制約されずに、思い切り住み心地の良い住宅の商品開発に打ち込めるだろう。家の中でのビジネスのしかた、街のあり方にも影響がでるだろう。人々が集まることができる施設の企画開発も必要だろう。観光との関連も大いに議論されるだろう。メニューの多様化は不動産の未来を明るくするのだ。

# 第五章
# 災害に備えよ

## 絶対にやってくる大地震と不動産

「はじめに」で紹介した『日本沈没』。小松左京が描いたSF小説がいつ現実のものとなるか、誰にもわからないのが自然災害である。日本全体が沈没してこの世からなくなるというのはさすがに想像しづらいものがあるが、大地震は専門家の予測によればどうやらかなり近い将来に現実の出来事として我々の身に生じることになりそうだ。

政府の地震調査委員会は、今後30年の間に3つの大地震が発生する可能性が高いと予測する。3つの地震とは静岡県駿河湾近辺を震源とする東海地震、三重県から和歌山県の沖合を中心とする東南海地震、そして四国の高知県沖を震源とする南海地震の3つを指す。

3つの大地震のうち、今後30年以内に発生する確率は、マグニチュード8・0の東海地震で88%、同8・1の東南海地震で70%、同8・4の南海地震で60%とされ、この確率は当然だが歳月がすすむにつれて高くなっていくことになる。

今でも記憶に新しいのが1995年に発生した阪神・淡路大震災と、2011年に発生した東日本大震災である。阪神・淡路大震災では、旧耐震基準で建築された多くのオフィスビル、マンション、家屋などの建物に大きな被害が生じた。また老朽化した高速道路などの社会インフラでも多くの被害が発生した。小規模木造家屋が密集していた神戸市の長田区などが火災で甚大な被害を受けたことは、木造家屋密集地域の安全性に対する危機意識を高めた。

いっぽうで東日本大震災では、上記の被害に加えて、津波による災害がクローズアップされた。この激甚災害は建物の耐震性だけでなく、建物の立地に対する関心を呼び起こすものとなった。建物は土地の上に存するから流されていくのも当然だが、肝心の土地が津波によって利用できないほどの状態になる事態は、衝撃的であった。

不動産は読んで字のごとく、動くことのない土地をベースにしたものである。ところが東日本大震災では、土地そのものが津波に洗われ、その上に建つ建物が押し流されるという災害だった。津波が引いた後、土地は再びその姿を現したが、津波に襲われた土地の価値は暴落してしまったのだ。

また阪神・淡路大震災や東日本大震災では、大地震で建物自体の被害を免れたとしても、土地が液状化して、社会インフラである水道やガスなどの配管に大きな被害が発生する現象にも遭遇した。神戸のポートアイランド地区、あるいは千葉県の新浦安地区といった、埋立地に新たに開発されたお洒落《しゃれ》タウンが、地区内を歩くにも苦労するほどのズタズタの状態になったことは記憶に新しい。

こうした大地震が再び日本を襲う。これは確実にやってくる災害である。そして災害に対する備えは、重要であると誰しもが思っていたとしても、実際に起きるまで多くの人は事態を甘く見ているのが現実だ。

デベロッパーは儲かるからといって相変わらず東京の湾岸地区に続々とタワマンを建設、分譲している。たしかに湾岸タワマンから眺める東京の夜景は格別だ。実際にタワマン生活に憧れてマンションを買い求める人たちは多く、販売状況は好調を持続している。

建物は敷地の地下深く、岩盤層に杭を打ち込んでいるので、阪神・淡路や東日本のような大地震が発生しても倒壊することはない、絶対に大丈夫だという。エレベーターは停止しても、非常用電源が作動して3日間から一週間程度の電力は確保できる、だから安心だという。土地が液状化しても建物内は安全だ、日本の先進の建築技術をもってすれば大災害が起きても資産価値は守られるというのが彼らの論理だ。

でも本当だろうか。東京はやはりタワマンが林立する香港やシンガポールとは違い、地震国の首都だ。いつかその日がやってきたとき（そしてその確率は30年という短いタイムスパンで考えなければならない）、たかだか人間の叡智《えいち》＝建築技術、だけで大自然の引き起こす災厄に立ち向かうことができるだろうか。非常用電源が建物を維持するのは時間制限があるだけでなく、共用部の設備の半分か3分の1程度を賄うにすぎない。最近の物件ではある程度対策が施されているかもしれないが、初期に建設されたタワマンなどは東日本大震災で図らずも露呈したようにエレベーターは停止し、高層階住民は配給された水を持って自分の住む部屋まで階段を上っていかなければならなかった。電源を失えば、給水タンクが機能せずにトイレにも行けなくなったことを、多くの人たちは忘れかけている。

すぐそばの未来に、この大地震が発生することを前提に不動産の未来を考えることは、億劫なことであるし、できれば「見ない」「聞かない」「話さない」、日本人の大好きな問題先送りで流してしまいたいところだが、奴らは必ず我々の前に突然その姿を現すのだ。

旧耐震建物の耐震補強・建て替え、木造密集地域での街区整備、津波危険地区での避難所の確保。海岸や河川の整備。そして何より地震が発生した時の防災訓練。やれることはたくさんある。そしてそれらの優先順位をあげていくことが求められている。

こうした備えに対して不動産が果たす役割は大きい。建てっぱなし、売りっぱなしではなく、来るべき災害に備えた防災機能の強化は今に始まった話ではないが、より強化していく必要に迫られているのだ。

## 水を甘く見てきた不動産開発

2014年8月19日の夜から20日にかけて広島市の安佐南区の八木《やぎ》、緑井《みどりい》、山本地区、安佐北区可部《かべ》地区などを襲った集中豪雨は、各所で土砂崩れを引き起こし、死者（関連死含む）77名を数える大災害となった。広島市は扇状地となっていて、人口の増加に伴って宅地開発が奥地の山間部にまでおよび、山を切り崩した無理な宅地造成が災害を招いた一因であるとの指摘がなされている。

さらに4年後の西日本豪雨では岡山、広島、愛媛などの広域で洪水や土砂崩れなどの災害が頻発し、260名を超える犠牲者が出る惨事となった。特に岡山県倉敷市真備《まび》町では多くの住戸が水に浸かり、救助を待つ住民が家の屋根に上っている姿は衝撃的な映像として我々の記憶に残っている。

こうした災害に備えた防災対策を実行するうえで、妨げになっているのが所有者不明土地の存在だという。先述したように、広島市では土砂災害防止のために対策工事を計画したものの、対象となる敷地の所有者が特定できず、施工ができないという問題に遭遇した。工事を実施するにあたって、隣地所有者との間の境界の確定や実行にあたっての所有者全員の同意を得ることが必要となるが、現在の所有者が登記を行っておらず、所有者の存在が突き止められない、突き止められても所在が不明などの理由によって、対策工事に着手できない状況になったという。

現状では相続の際、相続人が相続した不動産について登記を行うことは義務ではない。登記はあくまでも第三者対抗要件にすぎないため、価値の高い土地であればいざ知らず、親から譲り受けた山林などの土地については登録免許税などの費用負担を嫌うなどの理由で登記を行わない相続人が続出しているのである。そのことが、豪雨による災害をもたらす遠因となっているのである。

2019年10月に関東地方に上陸した台風19号は、千葉県、神奈川県などに大きな被害をもたらした。神奈川県川崎市では1669件の床上・床下浸水が発生。高津区ではマンション1階の住民が浸水の影響で死亡するという痛ましい被害が発生した。このマンションは1階部分が所謂《いわゆる》半地下状態になったもので、ドライエリアから浸水した大量の雨水の犠牲になったのだ。

当時話題になったのが、川崎市中原区の武蔵小杉《むさしこすぎ》にあるタワーマンションでの浸水被害である。該当するマンションは武蔵小杉駅近くにある超高層マンション。雨水と家庭用排水が一緒に流れる合流方式であった下水管が大量に流入する雨水を処理できずに逆流。マンション地下の電気室に浸水してしまった結果、マンションは停電。下水管からあふれ出た水はマンション共用部を覆い、住民は身動きが取れない状態に。さらに浸水によって停電が起こると、給水塔に水を運ぶためのモーターが稼働しなくなり、断水。トイレもフロも使えない状態に陥った。

タワマンの街、武蔵小杉で生じた事件であっただけに、世間では大きく報じられ、タワマンは実は災害にも脆弱《ぜいじゃく》だなどと取り沙汰された。建物自体が堅牢であっても、実際に建っている土地が災害には弱い地域であることがこうした事件を招くことになったのだ。

武蔵小杉付近はハザードマップを見ると、洪水に対しては場所によって3~5m程度の浸水被害が想定されている。こうしたエリアでのマンション建設で電気室を地下部分に設けること自体がずいぶんと不勉強な話であるが、売れる地上部分に機械室を設置したくない、「売る側の論理」が災害対応を疎《おろそ》かにする結果となっている。

連続するゲリラ豪雨や巨大化する台風による被害に対応するため、国は20年9月に改正都市再生特別措置法を施行。災害イエローゾーンと同レッドゾーンを設け、このゾーンに該当する地域について、イエローゾーンにおいては市街化調整区域内での住宅開発にあたって安全対策や避難対策を講じることを求め、土砂災害の危険性が高いとされるレッドゾーンでは原則として住宅や商業施設の開発を認めない姿勢を打ち出している。

さらに21年4月には国会で流域治水関連法が可決され、7月から11月にかけて順次施行されている。その中でも特定都市河川法において、浸水被害防止区域の指定ができるようになり、建築申請において洪水などに対して安全な構造であるか基準をクリアしなければ申請を認めないものとした。

こうした措置をとる中でも、21年7月、静岡県熱海《あたみ》市では豪雨によって大規模な土砂災害が発生。その原因は産業廃棄物などが混ざった土砂を不法投棄していたことだと報じられている。不動産開発の歴史においては、とにかく不足する住宅を大量に供給していこうという発想が優先され、住宅そのものの安全性や、マンション建物の構造躯体の強化こそは進化してきたものの、いっぽうで土地の性質、土地に潜むリスクについては目配りが十分でなく、いわんや当該建物が存する土地の周辺、エリア全体については考慮してこなかったといえる。

20年8月以降は不動産取引において、重要事項説明の際に、あらたに取引しようとしている不動産の存するエリアの水害ハザードマップを提示することが義務付けられている。また相続時に、相続した不動産に関する登記を義務付けることも法制化される見通しである。国土交通省国土政策局の推計によれば、2015年において洪水浸水想定区域に居住する人口は3703万人、全体人口のなんと29・1％にあたるという。

不動産の未来は、災害大国日本の未来と重なる。耐震設計、補強ばかりが声高に論じられる感もあるが、水を甘く見てきたこれまでの開発思想、仲介を含めた不動産取引に対して、おおいなる意識変革が求められているのである。

### スーパー堤防整備の必要性

2010年、当時の民主党政権は、これまで国が進めてきた事業の中で「無駄な公共事業」に関して厳しい仕分けを行った。そして仕分けを行うために、該当する項目を担当する霞が関官僚を招集し、目の前でつるし上げるという政治ショーを演じた。テレビ映りを意識したのか、竦《すく》む官僚たちを恫喝《どうかつ》する姿が連日放送されていた。

その仕分け対象の一つに、一級河川などでの洪水対策として有効とされてきたスーパー堤防建設計画の中止がある。スーパー堤防の建設に伴って巨額の整備費がかかることを理由としたものだった（その後2012年に、当初の873㎞に及ぶ整備計画をゼロメートル地帯などに限定した120㎞相当に縮小して再開した)。

スーパー堤防とは高規格堤防を指し、従来の堤防が川に沿って高さ10mほどのコンクリートの壁を築くものであったのに対して、高さは同程度であっても、高さの30倍ほどの幅をとった、いわば「幅広堤防」とでも名付けられるものである。

従来の堤防は台風やゲリラ豪雨で水嵩《みずかさ》が増し、堤防を越えてしまうと、一気に急流となって市街に流れ込み、甚大な被害を及ぼすものであった。スーパー堤防は川沿いから30mほど緩やかな傾斜をとっているため、あふれ出た水がゆるやかに地域内に侵入することから、急流による被害を少なくできるというものだ。従来の堤防だとコンクリート壁内に浸水することで壁ごと崩れる危険性があったが、スーパー堤防は幅広に水を流してやることで、堤防自体の決壊の恐れも少なくしている。

また緩やかな傾斜をとった土地上には従来通り住宅や商業施設などが建設可能で、整備に伴って地盤改良にも着手できる。従来のように川と住民との間を分厚いコンクリートの壁で仕切るのではなく、親水公園などに整備することで川を身近に感じる生活ができるようになるという副産物まで生み出すものだった。

国は特定高規格堤防整備事業として1987年度より関東の利根《とね》川、江戸川、荒川、多摩川を、関西では淀川《よどがわ》と大和川《やまと》を整備対象としておもにゼロメートル地帯を中心に整備をすすめた。

ゼロメートル地帯は、明治から昭和初期にかけての地下水のくみ上げが原因で地盤沈下がすすみ、海面よりも沈んだ街が形成されたと言われているが、くみ上げをやめても一度沈んだ土地がもとのレベルに浮上することはない。そうした意味でスーパー堤防による河川整備は、コストが高いからといって安直に削減するものではなく、長期にわたる計画の中で整備を進めるべき事業の一つである。

不動産開発においては、コストをコントロールしようとするあまり、建物以外の部分についてはなるべくおカネをかけずに済ませようという意識が働きがちだ。宅地開発などにおける土木造成費用などがその最たるものである。

また現在東京都心部などで、超高層ビルやタワーマンションの建設が進む中、超高層建物が林立することによる様々な障害が報告されている。ヒートアイランド現象と呼ばれるものがその一つである。東京湾岸エリアでの開発の進行は、東京湾からの海風を遮断し、その結果として東京都心の気温が下がらず、灼熱化がすすむというものだ。建物から排出されるエアコンからの熱が東京都心の気温に影響を与え続けていることも、もう一つの原因である。

密に並んだ超高層建物の影響は、風の向きまでを変える。ビル風といわれる現象で、吹き付ける風が建物にその行方を遮断され、行き場を失った風がビル間でまとまって強風となって吹き抜ける現象だ。

以前、私が担当したオフィスビルでも事件が起こった。その新築建物はデザイン性が売りの一つで、建物の低層部は巨大な吹き抜けとなっていて、建物入り口から吹き抜けを利用して直接地下の店舗街につながるエスカレーターが設置されていた。

当初からビル風の影響は指摘されていたものの、設計会社などとシミュレーションを行っていたので大丈夫だと考え、オープニングを迎えた。

ところが開業4日目に管理事務所から連絡が入った。エスカレーターに乗って地下商店街に買い物に行こうとした高齢女性が、下から吹き上げてくる強風で転倒。幸い大きな怪我には至らなかったものの足や腰に打撲を受けたとのことだった。その後、吹き抜け部分に風向きを変えるためのパネルを張り巡らし、事故は再発しなくなったが、教訓に残る出来事だった。

また知人の銀座の百貨店の役員からも、汐留《しおどめ》に高層建物が林立してから、百貨店入り口前で強風が吹きつけるようになり、お客様のスカートをまくり上げクレームになっているとの話を受けたこともある。実際に入り口前にたつと指摘のとおりの強風。

武蔵小杉のタワマン街でもビル風の影響で、コンビニの自動扉が開かずに、風除室を備えて二重扉にするなどの事例が報告されている。

こうした対応が難しいのは電波障害などと並んで、原因が1社による開発だけに特定できないということである。行政なども交え、総合的な防災対策を中長期的な視点で実施していく必要性があるのだ。

水や風、といった日々の生活では何の障害も感じない対象をどのようにマネジメントしていくかも、不動産の未来戦略に必要な視点なのである。

## ブランド住宅地は高台という決まりごと

私は30歳の頃から不動産を生業にしてきた。平成バブルがあり、その崩壊があり、ファンドバブルが起こり、リーマンショック、アベノミクス。平成初期までの一方的な値上がり状況を経て、不動産が世の中の変化、とりわけ金融マーケットと接続されてからは金融環境の影響を強く受けて、相場が上下動するようになってきたさまをつぶさに見ることができた。

そうした歴史の中で強く思うのが不動産の価値とは、結局土地に収斂《しゅうれん》するという理が存在することである。では土地の価値というものはどのようにして形成されてきたのかと言えば、それは繰り返し発生して人々の生活の基盤を根本から脅かす、自然災害との闘いを経ることで形成されてきたということである。

人々は古来生きる知恵として、繰り返し発生する自然災害にどのように対峙していくかを学習してきた。その結果として土地の価値は形成されてきたのである。大きな地震が生じても、地盤が堅固でさえあれば、揺れは少なく、建物が崩壊する、地割れが生じるなどのリスクが少なくなる。地盤が良い場所はどこなのか。津波が襲ってこない場所はどこなのか。豪雨や台風の襲来があって、付近の河川が氾濫することはないか。海の近くや河川の氾濫原の付近には住まないことが、人類が長年にわたって生きてきた結果得られた知恵なのである。

その知恵の集大成が、ブランド住宅地である。

東京でいえば、赤坂、青山、広尾、六本木、松濤《しょうとう》、代官山、高輪《たかなわ》、池田山、目白、音羽《おとわ》、本郷などなど全部、所在するのは高台である。またこれらの住宅地は江戸時代には多くの藩邸が構えられていて、それぞれの大名たちが、高台の藩邸から江戸を睥睨《へいげい》していたさまを感じることができるのだ。

いっぽう商人たちは、物資が行き交う場所の近くに住むのは必然であった。東京でいえば品川から新橋、日本橋にかけては、海や川を利用して運ばれてくる多くの物資を荷受けするために河岸ができ、多くの商人が職場に近い場所で家屋を構えた。だがそれらの家屋は決して豪壮なものではなく、むしろ荷揚げした商品を保管する蔵、倉庫であったり、商品を売るお店であったりした。後に三越となる越後屋が店を構えたのがまさに江戸の日本橋である。

山の手、下町と称されるように、権力を持ち裕福な人たちは高台に家を構えてリスクに対する耐性を保持し、商いをして日々の銭を稼ぐ商人たちは、災害のリスクと向かい合いながらも下町に住む、この構造こそが街の基本なのである。

明治時代になって、大名がいなくなり、大名屋敷の跡に好んで住んだのが明治政府の政治家や役人たちである。また三井や三菱といった財閥が財を成し、山の手地区を買い、役員たちが居を構えることになる。富を得、社会的地位が上昇したから、彼らはかつての権力者、武士が住んだ憧れの高台に移ることができたのである。

東京都文京区本駒込六丁目に大和郷《やまとむら》と呼ばれる一角がある。現在は東京都が管理する庭園となっている六義園《りくぎえん》があるところだ。六義園は徳川第五代将軍徳川綱吉の側用人柳沢吉保がこの土地を与えられ、小石川後楽園と並ぶ江戸の二大庭園として整備したものだ。またこの周辺には加賀藩前田家の藩邸などもあった。現在の本郷にある東京大学赤門がそのなごりである。

江戸時代が終わり明治時代の1877年、三菱財閥の総帥岩崎弥太郎《やたろう》が六義園や周辺の土地を買い受け、三菱財閥の役員の居宅として再整備した。1区画が150坪から300坪。その後も加藤高明、若槻礼次郎、幣原喜重郎《しではらきじゅうろう》など代々の総理大臣が住み、現在に至っている。

この付近は高台にあって地盤が堅固であり、また彼らの勤務地である丸の内に近いということもあり、三菱財閥にとって格好の居住地だったのである。

現代は、建築技術の発達と土地利用制限の緩和で東京でも湾岸エリアに大量の超高層マンションが建ち並ぶようになった。だが湾岸エリアは埋め立て地であり、大地震の際には建物は大丈夫でも土地が液状化する、直下型地震の場合には東京湾で津波が押し寄せる、地震で橋が利用できなくなれば陸の孤島化する、など数多くのリスクを内包している土地なのである。

土地は、大きな地殻変動でも生じない限り、無限に存続していくが、建物には寿命がある。経年とともに建物は劣化していくことを考えるならば、湾岸エリアに展開するタワーマンションをはじめとした建築物の価値は、年々劣化していく。そのいっぽうで土地自体は将来にわたって地震や津波などの大きなリスクを内包しているものとなる。長いタイムスパンで見た場合、どちらの不動産により価値があるかは自明であろう。

ブランド住宅地はただ単に、お洒落だから、流行に敏感だから、芸能人が住んでいるからなどといった要素で決まるものではなく、長い歴史の中でできあがってきた強固な価値、そのものなのである。

おそらく武蔵小杉を含むタワーマンション林立地域の未来は、ニュータウンの末路に近いものとなるだろう。タワマンはニュータウンの高層版であり、ニュータウンよりも始末に悪いのは、建物の中にあるゆえに、全員の意見を集約していかなければ、建物の価値を高めていくことができないところにある。

ニュータウンがオールド化してだめになったのは、もともと歴史も何もない山間部や台地をブルドーザーで切り崩して、無理やり開発したものであるために、人々が土地に歴史を刻めないこと、そしてもともと災害に対処して形成されてきた街ではないため、未来に確実にやってくるだろう自然災害の数々に対して、どのような対応ができるのかもはっきりしないことにあるのだ。つまり、土地に価値がないということなのである。

ブランド住宅地を買う人に対して、私は基本的に「NO」というアドバイスはしない。多少の価格変動があってもそれは景気動向など短いタームでの変動にすぎないし、中長期的には歴史を重ねつつ確実に生き残っていくのがブランド住宅地であるからだ。外国人も含めてみんなが憧れるところには常におカネが入り込む。土地の価値に対する評価にはおカネも敏感なのである。

## 都市計画区域の全面見直しが災害を防ぐ

都市計画区域とは都市計画法に基づき定められた区域で、都道府県知事や国土交通大臣によって指定された都市計画制度上の都市を指す。その面積は10万2446㎢におよび、日本の国土全体の約27%を占めている。

都市計画区域はさらに、「市街化区域」「市街化調整区域」「非線引き区域」の3つに分かれる。市街化区域は市街化を促進する区域、市街化調整区域は田園地帯として開発を抑制していく区域、非線引き区域は今後都市化を検討していく区域を指す。

市街化区域は現在約1万4511㎢が指定されていてこの区域に約8877万人の人々が居住しているいっぽうで、3万7689㎢の市街化調整区域にも約1043万人ものの人々が暮らしている。市街化を抑制していくべき地域にいまだに1000万人以上の人々が住んでいるのは、そもそもこの区別自体が極めて曖昧であることに原因がある。

都市計画法自体が1968年の施行だ。68年と言えばまさに高度経済成長の真っ盛り。人口は急増し、地方から都会に流入した大量の人々が居住できる区域を拡張して、都市化をすすめていかなければならないという大目標を、国も自治体も背負っていた時代だ。

市街化調整区域の指定にあたっては、指定前に建設された既存住宅の建て替えには許可を要しない、また2001年の都市計画法改正では、自治体によっては建築制限を緩和する、条例によって市街化調整区域でも事実上住宅の建設を認めるなどの恣意的な運用がなされてきたのが実態である。

自治体は人口を増やしたいあまり、居住エリアを拡大してでも、新しい住民を迎え入れたいとの思惑があった。産業構造の変化によって、研究機能などの部署が中心になると、市街地郊外に研究所を構える企業が続出した。これまでは中心市街地にあった企業の工場周辺に集中していた人口が、それにともない拡散することになった。こうした動きが、本来は市街化を抑制すべき郊外部の市街化調整区域への居住エリア誘導の後押しをしてしまった感もぬぐえない。

市街化調整区域であろうが、電気は来ているし、ガスが通ってなくても、日本はプロパンガスの普及率は非常に高い。プロパンならどこにでも届けてくれるのでどこに住むにも支障はない。自治体のOKさえもらえば、実質的に市街化調整区域に居住することに大きなハードルはないのである。

つまり現代の人口減少、高齢化する日本においても、高度成長期の発想で作られた都市計画法に則《のっと》り、さらに各地域や自治体の思惑を巻き込んで運用されている都市計画法のあり方にそろそろメスを入れていくべきなのではないだろうか。

国は2014年の都市再生特措法の改正において立地適正化計画を打ち出す。この計画は各自治体に対して、今一度地域内における居住や福祉、医療、商業などの都市機能施設の立地、公共交通機関の整備などを計画しなおし、地域ごとの本格的なまちづくりを促していこうとの意図をもつものだ。

だがこうした計画策定でありがちなのが、全ての自治体が自らの勝手な青写真、目論見《もくろみ》だけで計画を策定してしまうことだ。適正化計画策定においては隣接する周辺自治体などとの協調もテーマに掲げているが、果たしてどの程度まで実効力が伴うかはいまだ未知数である。

以前、各自治体で人口増加計画の策定を促したところ、すべての自治体案に基づく計画人口を足し算したら日本の人口は2倍になっていたなどという冗談のような話がある。やはりビッグピクチャー（グランドデザイン）は国が描き、そのピクチャーのもとで自治体が最適プランを策定していかないと、この計画も絵に描いた餅になる可能性がある。

日本は都市計画法を今こそ全面的に見直し、人口配置の適正化をすすめなければならない。そのためには不動産の所有権について、一部私権の制限は必須であると考える。既存の権益が邪魔をして、グランドデザインどおりにことが進まないからだ。

建物の高層化にしてもそうだ。市街地再開発手法がすべて、土地の高度利用を目的に策定されているが、地域内で高層化を推進すべきエリアとそうではないエリアを厳しく選別しないと、開発許可さえ得れば、業者の思い付きの開発ばかりになり、適切な人口配置など行われないことは必定だ。山形県上山《かみのやま》市には、田んぼの中に「ぽつんとタワマン」があるのはその象徴ともいうべき開発の結果だ。

今こそ令和時代における持続可能な居住エリアの特定と、自然環境の保全を目指した、新たな発想をもとにした新都市計画法を策定すべきときなのである。

# 第六章

# 不動産投資の虚妄

## 節税欲望が不動産投資を歪めている

不動産投資というものは、投資しようとする不動産について高い知見と分析力、そしてリスクに対する許容力が必要であることに加え、資金調達、運用、そして出口での売却戦略など様々な変数を冷静に見定めていくものである。

とりわけ最近時は不動産が金融商品化された結果、金融マーケットに巣くう凶暴な投資マネーが不動産マーケットの行方を左右するようになっている。彼らは膨大な資金量をバックにしているが、金融情勢によって始終その姿、態度を変える厄介者だ。したがって、日本の不動産であっても、海外の金利や為替、経済情勢、政治力学、自然災害なども含めての投資判断が不可欠になってくるのだ。

だが、国内で投資されている不動産は、こうしたプロによる荒っぽい売買だけで構成されているわけではなく、素人投資家がなけなしの銭を握りしめて投資しているケースもあれば、中長期的に所有を続けていくビル大家のような存在もある。

いろいろな顔を持つプレーヤーが跋扈《ばっこ》する不動産マーケットの中で、とりわけ異彩を放っているのが、節税を目的とする不動産投資だ。この投資は不動産を持って運用することで収益をあげていく運用益と売却時の売却益だけでなく、節税することで被相続人が相続人に対して、自身の財産を多くの税金を負担することなく引き継がせようとする目的によるものだ。

第三章でも触れたが、相続税を安くすることだけに目が眩《くら》むと、肝心の不動産に対するリスクチェックが疎《おろそ》かになる。相続において、土地は路線価評価、建物は固定資産税評価で評価される。それぞれの評価額と時価の差額分が節税になる。さらに投資を借入金で賄うと、借入元本を相続財産評価額から控除できるので、さらに節税ができる。現金で持っていれば、額面通りに評価されるものが、不動産に形を変えれば、同じ1億円の財産でも、不動産は簿価の数分の1にまで圧縮できてしまう。不動産は当然運用することで運用益、売却することで売却益も期待できるので、これらをすべて組み合わせれば、大きな収益を得られるというのが不動産を使った相続税対策の醍醐味《だいごみ》だ。

こうしたバラ色の節税策は、これを仕組んで儲けようとする者によって広まっていく。仕掛けるのは税理士であり、金融機関であり、不動産業者である。悪い表現をするならば、彼らは全員が「グル」である。不動産業者は自らが建設したアパートやマンションの売却、あるいは仲介、売った後の賃貸運用の手伝いによる手数料、など儲けの蛇口はたくさんある。金融機関は投資資金の貸し付けができる。土地建物を担保に入れられるし、アパートやマンション自体が収益を上げてくれるので、安全な貸付で利息収入が得られる。そして税理士は、税理士としての顧問報酬に加えて、業者などからのキックバックを手にすることができる。

この3者はこぞって相続税対策に不動産は極めて有効であることをニコニコ顔で言うであろう。客が投資してくれない限り、些少の報酬をもらう税理士を除いてはみな何の儲けにもならないからだ。

だが彼らは客が、投資した後のことにはあまり関心がない。不動産業者とて運用のお付き合いはさほど儲かるビジネスではない、何といっても売却すること、仲介することで大きな収益が得られるのでワンショットで大きな利益を得れば、あとは野となれ山となれ、だ。金融機関も本来は、後に不良債権化することは避けたいはずだが、支店の担当者はどんどん交替する。10年から15年の比較的長期のローンを組むし、当面は建物も新しく、競合もしにくいだろうからリスクは少ない。そのうち転勤で「さようなら」である。税理士は相続税の節税という大義は果たしてしまうので、その後のことについては、正直どうでもよいし、何かあったら「はいはい、どうしました?」と素知らぬふりで応じればよい。

アパートマーケットの、その後のことなんて自分の専門領域ではないので「知らぬ、存ぜぬ」で通せるからだ。

つまり、誰も主人公であるはずの客の立場や人生を考えてはいないのである。客は節税が目的化、そして客をとりまく専門家と称する面々は自分のビジネスが儲かることを一義に一生懸命、客に寄り添っているフリをしている、これが節税目的不動産投資の現場の実態だ。

かつてのように、若い世代がどんどん増え続け、アパート需要が伸びていく確信が強かった時代ならばいざ知らず、今後の日本社会の向かう絵姿がこれほど克明に見えているはずなのに、アパートに入居する客はどっかから湧いて出てくる、とりあえずアパート業者が賃料は保証すると言っている、程度のリスク認識で巨額のおカネを不動産投資につぎ込むのは、あまりに歪《いびつ》な投資の姿だ。

こうした歪んだ不動産投資を防ぐにはどうしたらよいだろうか。第三章で述べたように、相続税を100%にするか0%にすることだ。どちらも節税ニーズは吹っ飛ぶからだ。100%なら子供に残す財産は、相続時にはないから積極的に贈与するようになるだろう。贈与税率も上げる、あるいは子供にその時点での時価で買わせるようにすればよい。子供からみていらない資産であれば贈与を拒否すればよい。社会的な公平性も担保されるだろう。

いっぽう0%では、階級格差はどんどんついていく。だが、子供も収益力のない不動産なんていらないと言い出すだろう。税の心配がないため無理な投資もしなくなるはずだ。過剰なアパートなどの貸家建築はかなり減少するはずだ。

不動産投資の未来は、悪徳不動産業者や税理士、金融機関のタクトで節税狂騒曲を奏でるのではなく、収益力とリスクをきちんと精査した本来の投資マーケットが育つことを望みたいものだ。

## 出口の見えないワンルーム投資の危険度

節税目的の不動産投資のもう一つの動機が、所得税の節税ニーズである。日本は所得税率の累進性が高いため、一定以上の所得になると稼ぐ割には実入りが少ないという不満が出る。これを不動産投資することで見かけ上の赤字所得をこしらえて、所得を下げ、結果的に節税しようというものである。

この目的に適《かな》った投資がワンルームマンション投資である。節税効果という意味ではワンルームでなく、1LDKでも2LDKでも構わないのだが、効率が最も良いのがワンルームなのである。

まず、ワンルームは1戸が面積で6坪から8坪程度、投資総額も1000万円台から2000万円台が多く、サラリーマンでも高給取りであれば手が出る範囲である。また、ワンルームは1LDKや2LDKに比べて投資効率が高い。東京都心であればワンルームは坪当たり1万2000円から1万5000円程度とれる。これがファミリー向けになると賃料単価は下がってしまう。面積の拡大に家賃が比例してくれないからだ。つまりワンルームマンションは収益性もファミリータイプに比べて高いといえるのだ。

またワンルームマンションは同じように節税したいサラリーマンがいれば転々流通するのではないかという思惑もあり、手頃な節税手法として定着したのだった。

不動産投資して赤字を作るとはどういうことかと言えば、ワンルームをほとんど借入金で買って、金利を経費計上する、建物の減価償却を経費計上する、テナント確保等でかかる経費、修繕費などを経費計上するなどして赤字所得を作り、所得税を節税するのがその手法だ。

所得が高いほど節税効果が高いため、平成バブル期などにはサラリーマンの課長、部長クラスの間でワンルーム投資はブームになった。当時のサラリーマンは大抵の会社が副業禁止だったが、なぜかワンルームなどに投資して運用しているのは副業とはみなされないために大勢が手を出したのだ。

しかし、何度も言うように不動産投資にあたっては多くのチェックポイントがある。ワンルームの場合は需給バランスと投資家の懐具合だ。郊外の田園地帯で、テナントなんてあまり見込めないような場所で相続税対策だけに目が眩んで投資したアパートオーナーがその後、同じようなアパートが周辺に林立してテナントを奪われ、空室に苦しんだことがワンルーム投資でも起こっているのだ。

都内では池袋や大塚などでこうした節税ニーズをとらえたワンルームマンションが平成バブル期などに大量供給されている。当時のワンルームは、5坪から6坪程度と狭く、水回りであるバス、トイレ、洗面が一室に詰まった3点ユニットバス。ところがやがてこうした狭小ワンルームは行政から認められなくなり、その後に建設されるワンルームマンションは住戸も広くなり、トイレとバスが分離するタイプがあたりまえになる。棟数が増えるにしたがってテナントの審美眼も磨かれ、古いタイプのワンルームは賃貸マーケットでの競合で負けるようになる。

テナントが入らなければ、赤字は膨らんで節税効果は良くなる一方、いつまでも空室では、実入りが乏しくなって借入金の返済が覚束《おぼつか》なくなる。賃料を下げる、フリーレントを長くするなど、節税効果はともかく、不動産投資としては完全な失敗となる。マーケットの変化に追随できない、収益は下がる、小さなワンルームは時代のニーズに合わないということで排除され始めると、マーケットでのリセールバリューは当然のことだが下落する。

運用損に加えて売却損まで負わされるのでは、節税効果どころの騒ぎではない。今、そうしたワンルームマンションが池袋や大塚に限らず全国に多数滞留している。滞留、という意味は「売却もままならず放置プレー状態にある」ということだ。

不動産投資においては売却という出口が塞がれてしまうと、抱え込むしかなくなってしまう。十分な賃料が享受できるのであればまだしも、続々と建設されるワンルームマンションとの競合では、その商品力で分が悪いので家賃は下がる。外国人がワンルームに5人も6人も、などと報道されるのはこうしたサラリーマンたちが買い求めたワンルームマンションである場合が多いのだ。

さらにやっかいなのは、彼らの節税対策には期限があるということだ。サラリーマンであるからには、いつまでも高給が保証されているわけではない。役職定年などを迎えると、給料は従来の6、7割、会社によっては半分以下に自動的に下げられてしまう。そうなると、せっかく不動産所得の赤字が作れても、控除する給与所得が少なくなってしまえば節税効果など雲散霧消してしまう。これでは何のために節税対策をしたのかわからなくなってしまう。

現在こうした出口を失ったワンルームマンションが大量に滞留している。それにもかかわらず相変わらず大量のワンルームマンションが供給されている。中にはローンが返済できなくなる、管理費、修繕維持積立金の滞納、未納の事例が頻発しているマンションも多くなっている。

実は都心部におけるマンションのスラム化について、私は意外と遠くない未来、この取り残されたワンルームマンションから始まる気がしている。所有者の間で相続が頻発する未来は、相続登記をしない、管理組合には届け出ない、管理費は払わない、大規模修繕など応じない、いつのまにか外国人に売られていた等々、様々な事象が勃発することだろう。

節税だけが目的の不動産投資、未来は暗いのだ。

## 相続難民が続出する未来

不動産投資は出口があって初めて結果が出る。不動産を使った相続対策には所得税対策で始めたワンルームマンション投資よりも厳しい未来が待っていそうだ。

アパート投資による節税は、ワンルームマンション投資と構造的にはよく似ている。節税だけに目的を絞り、需給バランスにほとんど目を向けなかったことから、競合が続々誕生する。テナントがつかなければ運用収入がなくなる。賃料保証がある期間は安心だが、保証期間が切れると地獄の幕開けである。

アパートは賃貸マンションよりも安普請のものが多いため、大規模修繕や設備機器の劣化も早い。こうした工事関係も当初のアパート業者が仕切る。他社に頼めば、賃料保証は受けられなくなる。悪循環である。

マーケットから放り出されたアパートは相続されたのちも子供たちがこれを引き継ぐことになる。資産性がある優良な賃貸資産であればよいが、田園地帯に佇《たたず》む（そのころには）ややくたびれてしまったアパートを相続した子供たちの未来はどこにあるのだろう。

借入金をなるべく多く調達すれば、節税効果はさらに増します、と言われていたはずだ。その借入金の元本は、あまり減ることなく子供たちに引き継がれているはずだ。

貸した金返せ、の声がリフレインする。だが返済原資であるはずのテナント賃料がままならない。SNS上で流行の表現を借りれば「ぴえん」である。アパートも売却できればよいが、どうだろう。田園地帯の中にある、空き住戸の多いアパートを何の理由で買う投資家がいるというのだろうか。

この頃になると金融機関も頭を抱えだす。担保であったはずの土地建物。評価額が下がってしまうと、貸し付けた元本の回収ができるのかどうかという懸念が持ち上がっているだろう。差し押さえたところで、やはりマーケットで売却できないならば、今度は金融機関が抱え込むよりほかに術がなくなる。「ぴえん」超えて「ぱおん」である。

不動産業者は涼しいものだ。もう売却してしまったし、運用での手数料なんてしれたものだ。すでにその後に建設したアパートの営業に忙しく、新築物件にテナントを連れて行ってしまうなんていう悪辣《あくらつ》な行為もお手のものだ。家賃保証も築10年から15年でのリフォームを自社に依頼することを前提にしているため、それができない場合には簡単にはずすことができるからだ。

結局相続した子供たちは親が残したパッとしないアパートと多額の借入金に悩まされ、潤沢に現金でも持っていない限り、せっかく親から譲り受けた土地を売却して返済するしかない。売却できなければ自己破産が待っている。良かれと思って始めた不動産投資が刃になって戻ってくるのがアパート相続対策の悲しい未来だ。

タワマン節税もそんなにバラ色な未来が待っているわけではない。タワマン節税が本当にハッピーエンディングを迎えるためには、タワマンがこれからの未来どこまで価格を維持、値上げできるのかにかかっているからだ。

すでに首都圏ではタワマンが900棟以上林立している。初めのころこそレアものだった超高層からの眺めも、たとえば豊洲エリアではすでに、せっかく眺望を買ったと言ってもよい高層階からの眺めも眼前に立ちはだかった別のタワマンに塞がれてしまい、窓の外には他人の家、などという状態になっているマンションが多くなっている。

マンションは新しさが命。続々建ちあがるタワマンの賞味期限は、未来において意外に短いのかもしれない。本来の不動産投資をやっているのであれば、目の前に他物件が建ちそうだ、家賃はそろそろピークアウトしそうだ、ライバル物件が増えて価値が下がりそうだ、と判断して、その心配が現実化する前に売り抜けることができる。

ところが相続対策が厄介なのは親が亡くなってくれないと、ミッションがコンプリートされないところにある。これでは売り時を失ってしまうのだ。

たとえば1億円で買ったタワマン。相続評価では6000万円で評価され、その差額分

4000万円の相続税率分だけ儲かったとしても、その後そのマンションが相場を2割下げてしまえば得した税金なんて吹っ飛んでしまうのだ。2割下がったとしても売却して借入金を返済できれば良いが、ローン返済ができなくなるケースも考えられる。いったい何のための相続対策だったのか、子供たちに暗く厳しい未来を残すことになるのである。

子供たちが楽できるように考えて決断した対策が彼らの未来を苦しめる。何とも皮肉な結果であるが、これからの未来は、この失敗してしまった相続対策の犠牲となる「相続難民」が続出しそうである。こうしたピンチに陥った場合、最も有効なのはやはり現金を持っていることなのである。現金は相続時に額面通りの評価となってしまい、なんだか損をしたような気分になるが、実はそこが間違いなのだ。

いくら相続税の税率が高くとも、額面以上に税金をとられることはない。不動産は、一見すると低い評価額になることから、不動産にしておいた方が得のように思える。だが、そのように考える人は、なぜ不動産だと現金よりも低く評価してくれるのかに、考えが及んでいないのである。

不動産は市況商品なのである。この先地価が上がるかもしれないが下がるかもしれない。だから下がった場合に備えて低く評価しているのである。土地とはいえ、天変地異が起こるかもしれない。現金は手にもって逃げることができるが不動産は動かすことができないのだ。建物にいたっては経年劣化する。劣化してしまう資産に現状での高い評価をつける訳にはまいらない、だから圧縮率も高いのだ。

特に、策を弄しすぎて身の丈に余る借入金を背負う。これが一番危険だ。借入金は事業をさらに推進、拡大するエンジンとしては極めて有効に機能するが、ただ節税するためだけに使うテコであるならば、大きなテコは、自分の身を滅ぼす刃に変わることを肝に銘じるべきであろう。

無理したツケは必ず戻ってくる。節税不動産の未来は相続難民の時代の到来を意味しているのかもしれない。

## マンションの値上がりしてほしい症候群の末路

買ったマンションはできれば値上がりしてほしい、いつのころからか、マンションを買う人たちは投資家ばかりでなく、自宅を買った一般人までもが、呪文のようにこのセリフを唱えるようになった。その最先端を走るのが、東京五輪で世界各国の選手たちが使用した選手村に建築された晴海《はるみ》フラッグだ。21年11月には3回目となる販売が実施された。

販売を担当する10社の代表である三井不動産レジデンシャルの発表によれば、第3期の分譲結果は、販売戸数631戸に対して5546組の応募があり、平均倍率は約8・7倍。最高倍率は最上階の部屋でなんと111倍もの高倍率をつけたという。

晴海フラッグは選手村の敷地13000㎡に23棟計5632戸の住宅が供給される予定で、分譲住戸全4145戸のうち、すでに五輪開催前に940戸相当が分譲された。五輪開催の延期などの影響で、今般は約2年ぶりの分譲となった。

20年の開催予定が1年延期となったことから、物件の引き渡しも遅れ、募集中のSUN VILLAGEおよびSEA VILLAGEは当初計画より1年遅れ、24年3月という2年以上先の話となる。建物自体はすでに事実上竣工しているのだが、選手たちが利用した部屋を一般住宅用に改装するため、引き渡しが遅れるのだ。

コロナ前の19年の募集で申し込んだ顧客からみれば、申し込んで当選してから4年半から5年近く先の引き渡しとなる。内装こそ新築だが建物の躯体は築5年程度が経過した中古物件を内装リフォーム済みとして購入することになる。自宅として買うには引き渡し期間が長すぎである。最長5年といえば現在小学生の子供がいれば卒業してしまうし、中学生がいれば大学生になっているほどの時の経過だ。

この物件はその規模の大きさ、埋め立て地とはいえ東京都中央区アドレスであること、コロナにだいぶ邪魔されたもののオリンピックレガシーとしての価値、そして何よりも坪単価が最低270万円台から300万円台半ばという、周辺相場からして圧倒的な安さが相まって、マンションマーケットでの話題を独占している。

販売前よりこの物件については不動産関係者の間でも賛否両論。価格は安いが、最寄り駅「勝どき」駅まで、各棟入り口より17分から20分。棟内移動などを加味すれば30分程度かかる可能性もある。いくら中央区アドレスといえど、交通利便性に疑問符をつける向きもあれば、いやいや、虎ノ門、新橋までBRT（Bus Rapid Transit、バス高速輸送システム）でつながるので、都心部への通勤はむしろ快適だ、などといった論戦が展開されてきた。

今回の結果を見ると、どうやら晴海フラッグは大変な人気物件になっているようだ。またこの物件を買いたい人たちのツイッターなどを眺めていると、買いたい人がわんさかいて、互いの情報交換に忙しい。

確かに晴海、勝どきなどで分譲されてきたタワーマンションなどの新築、中古相場と比較すると割安感があるものの、駅からの距離は通勤を主体とする勤労者には決して良い条件とはいえない。建物も新築とは言い難く、海風をまともに受け、築4年から5年経過した物件を買うということは、今後の大規模修繕などの到来も少し早めに覚悟しておく必要がありそうだ。

毎月必ず支払わねばならない管理費、修繕維持積立金の合計額もSUN VILLAGEで2万7000円から5万円、SEA VILLAGEで4万円から5万6000円にもなる。駅から遠いということは車利用で補うという考えになるが、駐車場代もばかにならない。月額2万8500円から3万6000円とこのあたりの価格は決して割安とはいえない。

つまり、晴海フラッグを買ったのちも、車まで持てば毎月住宅ローン返済などとは別に5万5000円から9万円以上の負担を求められることになる。よほど日々のお財布に余裕のある人でなければ、そもそも晴海フラッグの顧客対象にはなりえないのだ。

ということは晴海フラッグが一般庶民、つまり国が発表している世帯年収の中央値である約437万円程度の夫婦やファミリーに買えるかといえば、まず無理だということになる。都有地だった土地が、デベロッパーにかなり廉価で卸されたのにもかかわらず、最近の建築費の高騰もあるだろうが、少なくとも一般庶民には到底手の届かない価格のマンションになって販売されている、という意味ではこの物件は決して「お安い」物件とは言えない。

　ではこの販売価格を「安い！」と考えているのは誰なのか、ということになる。そもそも都区内の新築マンションの平均販売価格は20年で7712万円だ。都区内でしかも都心3区に該当する中央区で販売されるマンションとして割安であるというのは頷けるものの、累計4000戸を超える部屋を、みんなが割安だ！　といって飛びつくさまはなかなか想像しづらいものがある。

　近年、都区内の新築マンションの買い手は一般庶民ではない。こうした物件を手にしているのは、国内外の投資家、富裕層、相続対策などの節税を考える人たち、そして唯一実需と呼べそうなのが夫婦共働きのパワーカップル、ただし夫婦合計で世帯年収1500万円以上、それも2000万円を超える層、この4つのカテゴリーのみである。

　晴海フラッグ関連のツイッターを読むとその像はさらに明確になる。ツイートする人たちがマウントを取り合う姿も滑稽だ。そして彼らの話題は埼玉県川口市で販売中のプラウドタワーと晴海フラッグの比較で忙しい。専門家の私からみれば、坪単価が近いというだけで、川口と晴海はそもそも立地も、コンセプトも全く違う街。住宅としての住み心地などを比較するうえでは、比較対象にならないはずのものだ。

ところが、彼らは「どっちが値上がりするか」という話題で夢中になっている。これでは住居と投資が完全にごっちゃになっている。

晴海フラッグの申し込みで実は、その多くが不動産業者による買い占めという説がある。マーケット内で割安といえる晴海フラッグの部屋を仕入れて、分譲終了後に中古マーケットで高く売り抜けようというものだ。販売概要などを覗いた限りでは、特に業者などによる購入を禁止する条項は見当たらない。また個人でもとりあえず買っておいて転売して儲けようと考えてもおかしくない。ツイッターなどでも、物件に対する厳しい指摘やコメントが出たりすると、ものすごい勢いで反論の嵐が来ているサマなどを見ると、購入しようとしている業者が、販売状況を煽《あお》ったり、ネガティブ情報を葬ろうとしているかのようにもみえる。

通常、自治体関係や国関係の土地を民間に卸す場合には、長期にわたり転売を禁止する、業者による購入の禁止、サブリースすることを禁止するなどの条件が付く場合が多い。かつてはUR（都市再生機構）の物件などはこうした制限条項がよく付されていた。だが今回はどうもそうした制約は見当たらない。

それにつけても思い出されるのが、先日ある湾岸タワーマンションに関する相談を受けた時の話だ。そのマンションはマーケットでも売れ行き好調だったマンションだが、実は角部屋や高額帯の部屋の多くを、ある国内法人が新築分譲時に買い占めていて、その法人が破綻してしまい問題となっているというものだった。謄本をとってみるとこの法人はペーパーカンパニーで、謄本の乙区欄をみると、担保権者は香港の不動産会社になっている。香港の不動産会社が日本に設立したペーパーカンパニーを使って、現地人用に転売目的で大量に住戸を買い占めていたのだった。

晴海フラッグの実態はわからないが、たしかにこの物件を地方の富裕層が東京の中央区アドレスを狙って買う、あるいは相続対策で買うことは見込まれる。パワーカップルの一部が将来の値上がり期待半分に買う。これもあるだろう。だが、この目的だけで買いが殺到する物件とはとても思われない。

他方、転売目的に国内業者が群がるサマは容易に想像できる。バックにはアジアなど外国の業者がついて、順次転売していくことを狙っているのだとしたらあり得る話だ。最上階の部屋が111倍などという平成バブル時代を彷彿とさせる倍率になるのも頷けるというものだ。外国人投資家にとっては、現地から最寄り駅までの距離なんてあまり関心はない。通勤なんてそもそも日本で行わない人たちだからだ。

現代の日本のマンションマーケットには、晴海フラッグに群がるような札束を握りしめた投資家たちが跋扈している。彼らは当然のことだが、自分たちが買う物件についてネガティブな情報が流れることを嫌う。出口が見えにくくなるからだ。そのためにはいろいろな演出をする。

こうした騒ぎではいつも被害を受けるのはこのバカ騒ぎに乗っかって追随する素人さんたちだ。ましてや自宅として夫婦ダブルローンを組んで参戦する人たちには、投資マーケットは意外に冷たいものだ。この構造は株式マーケットと変わらない。かつて証券市場でもＮＴＴ株を巡るフィーバーがあった。

煽って踊る阿呆がいれば、つられて踊って大損する阿呆がいる。投資マーケットは恐ろしい。未来の晴海フラッグに象徴されるように、「値上がりしてほしい症候群」にとり憑《つ》かれた人たちの中で果実を手にする人たちがごく一部であることはこれまでの時代が証明しているし、これからの未来においてもこの法則は一緒なのである。

## 区分所有オフィス投資が破綻を迎える未来

最近、区分所有オフィスに対する投資が流行っている。区分所有オフィス投資とは、オフィスビルをたとえばフロアごとの区分所有に分けて、そのフロアを法人や個人に販売する投資商品である。

狙いは極めてシンプルである。法人にとっては賃貸オフィスにいて、毎月賃料を支払うのはもったいない。だが本社ビルを建設するほどの規模もないし、資金もない。それならば身の丈にあわせて、オフィスビルの床を所有すれば合理的、というものだ。賃料を損金にすることはできなくなるが、オフィスビルの建物部分については減価償却が計上できる。借入金金利も計上できる。また業容が拡大、または縮小して将来他所に移転した場合には、テナントに貸せば不動産収入も確保できる優れもの、というのがおおよその謳《うた》い文句だ。

なんだか、マンションは賃貸がよいか、所有がよいかの議論に近いものを感じるが、金融緩和でカネ余りの昨今、金融機関からファイナンスして買い求める法人も多いという。

いっぽうの個人は分譲マンションとは異なり、自分が住めるわけではないので完全に投資ということになる。オフィスビルワンフロアはかなりの金額になる。たとえばワンフロア80坪で、坪当たり300万円だと、総額2億4000万円になる。富裕層でなければなかなか手が届かない。ここで連想されるのが節税目的でタワマンを買う高齢富裕層だ。オフィスビルは都心部の商業地にあるケースが多いので、路線価評価と時価の乖離《かいり》をつくりやすい。借入金を組み合わせて取得する、つまり相続税対策にはピッタリなのである。

以前私は勤めていた大手デベロッパーで、不動産小口化商品を企画、販売したことがある。渋谷区恵比寿のオフィスビルを一口5000万円で250口、総額125億円で売却したが、そのときこの商品に飛びついたのが相続対策に悩む高齢富裕層だった。同じ理屈である。

さてこの区分所有オフィスの未来はどうだろうか。まず個人の相続税対策としては確かに効果が期待できるだろう。だがこれはタワマン節税と基本構造は一緒である。したがって購入者が亡くならなければ、目的は達せられない。そして出口に悩むのはタワマンの比ではなくなる。オフィス区分所有権の売買マーケットが発達しているわけではないからだ。不動産投資において出口をしっかり確保することは鉄則であるが、マーケットが未成熟であればあるほど、投資に伴う出口を見失うリスクは高まる。この商品はそこがネックだ。事業者のほうが一定の金額で買い取るなどのバッファーを用意しているものもあるが、事業者は「売る」のが目的。買い取りは再販が十分に見込まれるときは良いが、市況が悪化すればどうなるものでもない。

タワマンのほうが、相場は下がったとしてもマーケットは存在するので出口から脱出できる可能性は高いが、この商品の場合はオフィスビルの単なるワンフロアである。買う側の評価もまちまちだろうし、買いたたかれるのならまだしも全く買い手がいない可能性もある。

これは法人所有の場合も基本的には同じである。いざというときの流動性を確保できないものは投資対象としてはならないのである。

さらにこの区分所有オフィスビルの未来を真っ暗にするのが、未来に必ずやってくる大規模修繕や市況の変化に対する対応力である。私は以前、たった3名の区分所有者が持つオフィスビルの管理で大変な苦労を経験した。初めは同じような考えで投資をした3名の区分所有者が、オフィスビル市況の悪化にともない、保証賃料の引き下げを願ったところ、どうしても一番財布の事情の悪い所有者に合わせざるを得なくなったこと。大規模修繕についても結局、全員の合意を得ることができなかったこと。結局区分所有という建物所有形態は、ルールでどんなに厳格に定めたとしても、長い運用期間において必ず行き詰まる構造にある。

マンションでうまくいかないのに、オフィスビルでうまくいくわけがないのである。区分所有ビルは何も今に始まった形態ではない。そしてそれらのビルの多くが様々な問題を抱えているのが実態だ。東京の新橋駅前烏森《からすもり》口にあるニュー新橋ビルは、駅前の小規模地権者が集まって1971年に誕生した区分所有ビルだ。しかし区分所有者がそれぞれ独自にテナント募集を行っていた結果、フロアによって賃料が異なる、商業フロアに風俗店が入るなど多くの問題を背負うこととなった。最近は管理も改善をみせ、周辺地域の地権者も含めて市街地再開発組合を結成しているが、こうした開発においても区分所有者が勝手に第三者に権利を売却するリスクに対処しなければならず、一筋縄では片付かない問題を内包したままである。

同様のビルは新橋駅烏森口の反対側の新橋駅前ビル。大阪駅の駅前ビルなど数多くの実例があるが、区分所有者間の結束と強固な意志がないかぎり、一体的な運用はもちろん、売却や再開発などの出口の構築も非常に困難になるのが特徴だ。

区分所有オフィス投資の未来について、私には出口を含めて先行きが良く見通せない。視界不良のドライブは危険だ。オフィスビルは一棟で所有するに限る。みんなで持つならば、REITに代表される不動産投資信託のような、不動産ではなく証券、つまりペーパーを所有して、いつでも売り抜けられる信頼できるマーケットのある場で投資すべきと考える。

## 外国人マネーはいつまでニッポンを買ってくれるのか

新築マンションマーケットは国内外の投資マネーが支えている。本社売却などで立ち回っているオフィスビルの買い手は、聞きなれない名前の外国の不動産ファンドたちだ。こうした投資マネーは実需ではない。したがって日本の不動産マーケットが彼らに魅力的と映っている限りにおいては、投資を期待できる。つまり買い手として有力な候補となりえる。だが、ハゲタカのたとえのとおり、彼らは日本の不動産が安いと思うから買いに入っているのだ。日本人の我々は、不動産は相当高くなっているから買えないや、と思っていてもこれを安いと思う投資家がいるから投資マーケットは成り立つ。売りがあれば買いがある、その逆もある。何が言いたいのかと言えば、そのことはイコール、勝者がいれば敗者がいるということだ。

マーケットが成立しないというのはどういった状態を指すのだろう。買いたいという投資家がいっぱいいるのに売りたい人がいない、価格が上がり続けるマーケットだ。いずれどこかで収斂《しゅうれん》していくはずだ。いっぽう、売りたい人は多数いるのに、買いたいという人がいない、価格が下がり続けるマーケットだ。これもどこかで価格は収斂していくはずだ。正常な取引ルールがあり、売り手と買い手が存在する限りにおいては成立するのがマーケットの面白いところだ。

ではなぜ日本の不動産は外国人の興味を引くのだろうか。アジアの中の先進国であり経済大国である日本は政治的にも安定していて、法令も整備されている。とりわけ不動産が急速に証券化されていく過程で、不動産情報のディスクローズがすすみ、日本の事情がよくわからない投資家から見ても、かなり詳細な投資情報を手にすることができる。だいたいこういった点が評価されているのだと思われる。

コロナ禍を契機に世界的に金融緩和が生じたことは投資家の懐を潤している。莫大なマネーを財布に詰め込んだ投資家が世界中を睥睨《へいげい》して、投資対象を見定めている。さて日本は魅力的なのであろうか。これまでは十分に魅力的だったといえよう。先に触れたように、社会体制、仕組みは整っているし、オフィスや住宅、物流、商業施設、ホテル、投資対象は広範にわたっている。特に物流や、インバウンドの消滅で危機に陥ったものの観光資源が豊富な日本はホテル需要も長い目でみて底堅そうだ。

そして何より彼らを勇気づけているのが通貨安である。円安は彼らの購買力を格段にアップさせる。日本の黄金期、1ドルが80円を切った95年頃、ハワイに出かける日本人たちは笑顔で高級バッグや時計を買い漁《あさ》っていた。それと同じく、現在日本を訪れる外国人たちは高級ホテルにいても、超格安と感じているはずだ。

彼らはCap Rate（キャップレート：年間の純収益÷不動産価格で算出した利率のこと）と呼ばれる投資利回りで投資判断を行うが、アジアの諸都市と比較して東京や大阪の利回りがどの位置にあるかを見る。東京が台北よりも利回りが高い（価格が安い）と判断すれば、買いに入る。利回り4％で買って3・5％で売れば儲かる。これが彼らの投資の理屈である。これが短期間で実現できればこのアービトラージ（鞘取《さやと》り）ゲームは勝利したことになるのだ。

ただ、日本を見る目が厳しくなると、彼らの態度は一変する。今4％で買えたとしても、日本の景気が悪くなる、日本の産業がだめになっていく、中国との関係がさらに悪化して経済情勢に悪影響が出るなどの悪材料が重なると判断すれば、4％では買わない。リスクプレミアムをもっと拡大して4・5％、いや5％でも危ないとなる。近い将来で利回りが5％以下に回復しないと見れば、6％くらいまで価格を引き下げなければ買わないとなる。

日本の置かれている状況とそれを見つめる世界の目がこれからの未来、今までのように温かい目でみてくれるのか、それとも日本はちょっとまずくないか、このままで大丈夫なのか、とみるのかで投資家の行動は全く異なったものになる。

投資家は冷徹だ。ニッポンすごい、などとテレビ画面でのように感動してくれたりはしない。世界における日本の立ち位置は現在微妙だ。この四半世紀で世界における日本経済のポジションは失われ続けている。世界に誇れる技術、企業が非常に少なくなってしまった。いまだに金融大国の地位は保っているが、金融を駆使した投資などの活動では捗々《はかばか》しい実績は特にみられない。きちんとした活用法も思いつかずに、カネだけをため込んだメタボのおじさんと同じような状態かもしれない。

このどこかのんびりして世界の競争から遅れつつあるおじさんの財布にカネが詰まっている限りにおいて彼らはそれをむしり取りにやってくる。勝者と敗者の論理だ。そして十分に儲けたら、彼らはほかの獲物を探しに日本から去っていく。

外国人マネーが未来永劫日本を愛してくれると思うのは思い違いというものだ。東京をアジアの金融センターにと、何度も政治家たちがスピーチで言及したにもかかわらず、いっこうに国内に金融センターができるという話にはならない。世界から評価されていないからだ。

未来に向けて日本はこれまでの成功の方程式を捨てて、新しい魅力を創りだしていかなければならないのだ。またぞろ、五輪のあとは大阪万博？　そして札幌五輪？　この思考停止の国に彼らはいつまで付き合ってくれるだろうか。

電子マネーで何でも買い物をし、現金というツールを使わなくなっている世界があるいっぽうで、相変わらず店のレジで財布を開けて、イチ、ニ、サンとお札を数える日本の未来に外国マネーはどんな評価を下していくのだろうか。日本の奮起が問われているのである。

## 不動産価値を高める投資が未来を創る

不動産投資を推奨する本は、とにかくPL（損益計算書）のことしか語らないのが特徴だ。「アパート10棟所有したら年収2億円になりました。サラリーマン馬鹿馬鹿しくてやってられません」みたいな内容ばかりだ。

不動産は収益を生み出す打ち出の小槌《こづち》と思っているのかもしれないが、不動産は非常に重たい資産であることに、これらの成功本では触れていない。資産を明瞭に示すのは会計上ではBS、バランスシート（貸借対照表）であり、自分の資産の状況を持っている資産だけでなく、これを所有するための負債と資本がどの程度になっているかを示す重要な指標なのである。

21年11月に財務省の事務次官が雑誌『文藝春秋』に寄稿し、このまま無制限にカネをばらまき続ければ日本国は財政破綻すると警鐘を鳴らし話題になった。私も原文を拝読したが、SNS上などで非難囂々《ごうごう》となり、財務次官は責任を取って辞めろとまで炎上した理由がよくわからない。彼は国の財布を預かる立場として至極まっとうなことを言っているにすぎず、時の政府の方針に逆らったものだといった言説には賛同できない。

ある識者はこういう。この事務次官の頭の中にはバランスシートというものが存在しないのか。日本国には負債を増加させてもそれに対応した資産が積みあがるのだ。国の資産は膨大なものがあるのにもかかわらず、もうこれ以上国債を発行するな、などというのは、会計の基礎すら理解していないのではないかというものだ。

たしかに健全な負債を負って、未来につながる価値の高い資産を積み上げていくのならばこの識者のいうとおりである。そしてその負債は日本国債であり、それを日本人みんなで支えていけば、別に未来に怖いものなどないという説は頷ける。

だが現在の日本は本当に健全な成長性のある、未来につながる資産形成をしているだろうか。国民へのバラマキ合戦と揶揄《やゆ》された先の衆議院選挙ではないが、ポピュリズムの極みともいえる花咲か爺作戦で、この国の未来が切り開かれるとは思えない。国民には不評でもきな臭さを増すアジア地域における防衛力の強化や、四半世紀の眠りから目覚めるための新しい産業振興や、それに必要な人材育成のための教育投資にこそおカネを使うべきなのではないだろうか。このままでは負債を増やす一方でバランスシートの左側には不良な資産ばかりが積みあがっていくさまが見える。五輪や万博ではもはや未来が開けないことに国も日本人も気づくべきなのだ。

こうしたとにかくレバレッジ（借金）をかけるだけで闇雲に投資を行っていく姿は、節税だ、と言って途方もない借金を重ねていく高齢富裕層の姿に重なる。負債を負うことによって出来上がる資産のサマをよく考えない。そして所期の目的を遂げることだけにしか目をやらない短絡的な思考で行動してしまうことによって、結局何の価値も生みださない資産のために巨額のおカネを使い、その結果として没落の道を歩むことになるのだ。

企業経営もまさにそうだ。バランスシートを一方的に膨らませ続けることは、金融マーケットなどの環境変化に脆弱《ぜいじゃく》な企業体質を作り上げる。こうしたメタボ経営はいざという環境変化の時にあっというまに終焉を迎える。

ひたすらバランスシートを膨らませ続け、ひところは「too big to fail（大きすぎてつぶせない)」などと言われていたダイエーやそごうがあっというまにつぶれたのがその典型だ。

不動産投資もまたしかりである。この重たい資産をバランスシートの中でどうやって養っていくかが、不動産投資の醍醐味でもあり、最も難しいところでもあるのだ。買えば終わりではないのだ。買って育てて売り抜ける、を行ってこそ不動産投資は完結するのである。

そのためには不動産の価値というものに着目することである。マーケットの上がり下がりにうまく乗れたから成功しました、といったレベルはまだプロの世界とは言えない。買った不動産にどのような付加価値をつけていくかが大事であり、大きな花を咲かせてこそ出口に明るい未来が開けてくるのである。

価値を上げていく行為を惜しまずに続けることは出口の可能性を広げ、出口での流動性を高めることに繋《つな》がる。不動産投資で大切なことは繰り返し言ってきたようにちゃんと出口を出ることである。

そうした意味で、不動産の未来は日本の未来でもある。なんとなく低迷し、国全体にも活気が見られなくなった日本。高齢化だの少子化だの、今さら言っても始まらないことを理由に掲げても仕方がないこと。こうした与条件で、どのような国の姿を描いていくかが今こそ問われているのだ。

そして前に進む人々の社会インフラを形作る不動産が果たす役割は大きい。不動産投資はそのためのツールであって、これを節税だとか、投資ではない投機として、ただのゲーム感覚で扱っているうちは、不動産投資の未来は切り開けないのだ。

第七章

# 不動産の未来

## 不動産建設業界の未来

これまでわが国の不動産建設業界は、人が住む家、働く場所、買い物をする場所、宿泊する場所、遊ぶ場所、寛《くつろ》ぐ場所を提供してきた。最近ではこれに情報を集めるデータセンターや宅配事業の発達による物流施設なども加わり、メニューは拡大を続けてきた。

人々が必要な施設を、適切な土地の上に企画立案し、これを提供する。私自身長く不動産を生業としてきてつくづく感じるのは、不動産、建設の世界は、まさに人々が動き回る社会のインフラを形成することに直接関わることができるという、誇りだ。

人口が増加を続け、その多くが三大都市圏を中心とする都会に集結する時代、不動産のすべてのカテゴリーがまだ圧倒的に不足していた。住宅は造れば、これを買い求める人がいる。オフィスはこれを提供すれば、企業が積極的に床を借りてくれる。経済が活発になれば、ビジネスマンが日本国中を動き回る。彼らが仕事の羽を休めることができる快適なビジネスホテルを提供する。買い物を楽しむことができる優れた商業施設、余暇に寛げる遊園地やリゾート、あらゆるものが不足し、これを製造、販売、賃貸することが社会的使命でもあった。

高度経済成長期、三井不動産の中興の祖とも言われる江戸英雄は考えた。ブルドーザーで山を切り崩して、ニュータウンを造り、家を求める人々に分譲する。そして切り崩した土砂で海を埋め立ててそこに工業地帯を造る。そうすれば多くの人や産業がやってきて地域は繁栄する。この「一粒で二度おいしい」戦略は、当時の高揚する時代の雰囲気も含めて日本の明るい未来を切り開いていくものだった。

だが、日本は95年以降生産年齢人口の増加が止まりやがて減少へ。経済は長期間にわたって低迷する中、この単純な量的拡大戦略は別の方角へと舵《かじ》を切った。市街地が拡大していく、つまり面「ヨコ」で展開してきた不動産は、箱「タテ」への展開を目指したのだ。

新戦略のきっかけを与え、これを強力に後押ししたのが、96年に行われた大都市法改正だ。この改正は、都心部の容積率を大幅に引き上げるもので、特に超円高を嫌って海外に移転をした、湾岸エリアなどの工場跡地に、都心居住を望む共働き世帯を集めるためのタワマンを建設する動機付けになった。

さらに戦後から昭和にかけて建設された都心部のオフィスビルの多くが老朽化していくのに対して、容積率の大幅なアップを利用してオフィスを建て替えて、高層化、大規模化を図っていった。

街が「タテ」に成長を始めたのが95年以降の日本の不動産である。この間、日本経済はこれまでのような成長を見せることはなく、世界のフロントランナーの集団から日本企業はどんどん後れをとっていった。だがそれまでに稼いだ内部留保に加え、業界ごとに合従連衡《がっしょうれんこう》をすすめ、それでも1億2000万人という人口規模がもたらす内需というケーキを分け合ってきた。自営業者は減り、大企業を頂点とする産業ピラミッドが確定し、ワーカーの多くがサラリーマンという特異な社会を形成してきたのが日本の現在地である。

彼らの見栄やプライドを満たすために煌《きら》びやかなオフィスを構える、そこに勤めるエリートサラリーマンが満足するタワマンを提供する。お洒落《しゃれ》な商業施設、高級感溢《あふ》れるホテル、ジムなどのスポーツ施設と、都市の魅力にさらに磨きをかける仕掛けを提供することが使命となったのである。

では、この「土地面積×容積率」という単純な方程式を駆使して都市の高度化を図っていくのが不動産建設業界の未来なのであろうか。

以前、私はある大手製造業の役員会に呼ばれ、「デベロッパーとは何か」という難しいテーマでの講話を行ったことがある。その席上、私はこんな話をした。

「実はデベロッパーの多くは私の知る限り、あまりマーケティングをやったことはありません。やらなくてもよかったのです」

役員陣から驚きの声があがった。テレビＣＭもよくやっているその企業では、マーケティングに関しては専門の部門も抱えていた。

「東京都心に１０００坪の土地があります。容積率は１０００％です。つまり１万坪のオフィスができます。賃料は坪４万円から４万５０００円でしょう。空室率は５％も見ておけば十分でしょう。これで収支表を作ります。収支は当然よいです。ではやりましょう、となるのがデベロッパーです。ではこの収入予測はマーケティングといえるでしょうか」

ある役員は私の投げかけにこう応えてくれた。

「いや。それはマーケティングではなく、単なる経験値ですよ」

そうなのだ。賃料も空室率も都心のある地域における経験値と将来的な願望を交えて勝手に前提としているだけなのである。つまり出来上がるビルにどんな顔をしたテナントがやってくるのか、そこでどんな仕事、活動をするのか。それに対してハコとしてのオフィスビルは、テナントにどんな付加価値を提供しているのか。実はあまり深くは考えていないのだ。ビルの地下に小洒落た商業施設を造る。でもテナントは毎日そこで買い物を楽しむのか。上層階にホテルを入れたとして、テナントにとって有効な施設なのか。容積率アップしたぶんの飾りにしかなっていないのではないか。施設相互の連関性やテナントにとっての利便性を真剣に考えている形跡は残念ながら多くの開発に認められないのだ。

天井が高いから気持ちよいでしょう。電気容量は目一杯とってあるから大丈夫でしょう。照明はとっても明るいからよいですよね。ついでにエコロジーにも配慮しました。この程度のハコの装飾は、各テナントの事情などおかまいなしに最大公約数をとっただけのハード自慢にすぎない。

テナントはどこかから登場する。だって丸の内だから、新宿だから、日本橋だから。タワマンを建てればみんなが買うはず。だってタワマンだから、資産性ありそうだから、かっこいいから。

これまではこのなんとなく、の法則が通用してきた。だって東京は日本の中心だから。そこにみんなが集まるのはあたりまえだから。通勤して働くのは当然だから。なんの疑いも持ってこなかった。そしてこれまでは実際にみんなが集まってきたからそれでよかった。すべてが過去からの積み上げに基づく経験値である。

しかし、人々のライフスタイルのうえに成り立っている不動産建設業界は、この成功の方程式がいつまで通用すると思っているのだろうか。考え方、価値観というものは、最初は少しずつ変わる。そのため多くの人や企業は気が付かない。だがこの変化がだれの目にも映るようになると、変化のスピードは加速する。

不動産建設業界の未来はどうやら現在の延長線上には存在しない。なぜそうなってしまうのか。以降ではカテゴリー別に不動産の未来を予測する。この未来予測が現実となるとき、今の業界マップは大きく変容していることだろう。そしてその未来は決して暗いものではなく、相変わらず人々の生活や、行動を支えるインフラとして輝き続けるものと私は信じている。

## オフィス、住宅の未来

オフィスの未来は本書で繰り返し述べてきたように、人々の働き方が変容することで、その役割も機能も大きく変化していく。これまでのオフィスは大勢のワーカーが一堂に会し、机を並べ、ルーティンワークをこなし、ミーティングを行う。仕事の指示、命令は主に口頭で行われ、チームワークを重視し、共通の目的を設定し、目標達成に向けて進む軍隊のような働き方だった。

未来の働き方は、それぞれのワーカーが自らの能力を持ち寄ってタスクチームとして働くものだ。したがって基本的には自らが関わるタスクの達成のためには能力を最大限発揮し貢献するが、他のタスクについては共有化しないし、ましてや組織全体での行動やルールに縛られることがない働き方に変わる。一人のワーカーが複数の企業と業務委託契約を締結して、ワーカーは自らの仕事の時間割を自らが作成し、個別に報酬をもらうスタイルが定着する。時間外労働がうんちゃら、だとか上司との人間関係が云々《うんぬん》、出世できないのはあいつのせい、といった飲み屋のサラリーマン会話はなくなる。

会社という村社会は死滅し、タスクチームごとに最も効率の良い、能力の高いワーカーが集積し、目標達成する、そんなビジネス社会が未来に待っている。

こんな未来にあって、「大きなハコ」であるオフィスビルはどれだけ存在価値を持ち続けることができるのだろうか。すでに業界内では未来のオフィスの在り方についての議論が始まっている。しかし出てくるのは、オフィスはコミュニケーションをとる場になる、みんなが寛げるようにカフェのようなスタイルにする、ビジネスの発想を豊かにするように体を動かせる機器を設置する、汗をとってすっきりできるようにシャワールームを設置するなど、貧しい発想のものばかりだ。

どうしてもオフィスでコミュニケーションをとらなければならないという、かつての方程式から逃れることができないのだ。オンラインでの仕事環境は日々進歩している。コロナ禍の緊急事態宣言が初めて発令された当時、在宅ワークをしかたなくやり始め、ミーティングに参加するための機器の操作にさえ四苦八苦したり、また会社から離れたのを機に、サボる、遊ぶなどサラリーマンの悪い性根が出尽くした後に訪れるのは、こうした働き方の常識化、日常化である。

会社に行くことが働くことではないことに多くのワーカーが気づき、社員がオフィスに来ているからといってみんながちゃんと働いているわけではないことに管理職や経営層も全員が気づいたのだ。

これからの企業は組織構造が急速に変容していく。指示命令系統のフラット化だ。ルーティンワークは今後、そのほとんどの部分がＩＴ化されていく。またルーティンにおける意思決定や受発注はＡＩによってコントロールさせたほうがはるかに効率的でリスクも少なくなる。工場などの現場もその多くが機械化され、ロボット化される。ロボットに指示命令を行うのはＡＩで十分だ。ワーカーに残された仕事は、オフィスに全員が雁首《がんくび》揃えてやるようなものではなくなる。

こうした働き方が主体になっていく世の中で、どうしてみんなでオフィスに来て、オフイスは企画・創造の場だなんていって、発想力を高めるためにバランスボールに乗り、ソファに寝転んで他のワーカーと会話しなければならないのか。この絵面に働くことの未来は想像できない。

未来のオフィスは、家やコワーキング施設ではなかなか実現できない仕事をやる場としての空間になる。製品開発などで実験を行う、家には設置できない器具、空調、排水などの特殊設備を備えているなど、その場で五感を使って確かめるような場としての機能が求められるオフィス像となる。ただ集まって企画案を練るのならば、もっと豊かな自然に囲まれた高級別荘で行うもよし、リゾートにファミリーで集まって、必要な時間帯だけ素敵なファンクションルームで企画案を練ればよい。

オフィスは高度な機能を備えたかなり専門分野に特化した設《しつら》えへと進化していく。そしてそれらの機能は、限りなくシェアされ、その場を使用する企業やワーカーは賃料ではなく、使用料を支払って利用する形態に変わっていく。

オフィスの役割、機能が変われば当然のことながら住宅の未来が変わる。通勤を前提にしないのであれば、無理に都心に住む必要はない。自分の趣味嗜好にこだわった住宅を選ぶ傾向が強くなる。これまで住む場所を通勤以外で縛る大きな要因が、教育だった。未来の教育は、生徒全員が学校という「ムラ」に通学するという常識が変わることで現在では想像もできないほどの進化を遂げる。校舎が必要ではなくなる未来だ。もっともいまだに文部科学省は、学校という寺子屋以来の教育の場が必要であると考えているようだが。

学校法人角川ドワンゴが開校したN高等学校、S高等学校はネットと通信制高校の制度を活用した新しいスタイルの学校だ。それぞれ校舎は沖縄県うるま市と茨城県つくば市にある。実際には生徒が校舎に集まって教育を受ける必要はないのに制度として求められているのが現状だ。こうした取り組みにはまだ多くの批判があるものの、それでもすでに両校あわせて2万人もの生徒が学び、有名大学にも進学している。

未来は校舎のない、オンライン上での教育を受けるスタイルが中心になる。集団教育や道徳教育をどうする、などといった声があるが、これらこそは地域全体の中で培っていくほうが効果的であるし、部活動などはサッカーのような地域スポーツに参加することで代替していけばよいだけだ。

教育がオープンになれば、もう住むところに制約はなくなる。日本国中、好きなところに住み、自らの能力を売りに仕事をし、自分の時間割で人生を謳歌《おうか》すればよい。

既存の建売住宅や新築分譲マンションには誰も目を向けなくなる。好きな場所で好きな住宅を選ぶ時代の到来だ。さらに一か所に拘泥《こうでい》して住む必要もなくなる。全国を渡り歩く人も出てくる。そうなれば自治体が拘《こだわ》る住民票はその存在価値が意味をなさなくなる。あるいはどこに住んでも自分が支払う地方税はそのほとんどを自らが選択して払うというように、現在のふるさと納税がもっと自由化し、進化していくのが未来の住み方だ。

交通網が発達する前、川や山、海によって隔てられてきた地域同士が道路や鉄道によってつながった。未来はこれに加えて高度情報通信網という社会レイヤーが地域内にくまなく実装され、ドローンはやがて空飛ぶ自動車になり、自動的に人々をどこにでも連れていく世の中になる。

そうした未来を想像するならば、現代のオフィスや住宅はかなり早い時期に遺物化していくことだろう。オフィスや住宅の未来価値は、現在の価値観の延長線上にはない。未来の到来は速いのである。

## 観光、ホテルの未来

日本の未来は何で生きていくのだろう。「日本は観光立国へ」こんな旗印が掲げられだしたのは2003年、当時の小泉純一郎内閣が主宰した観光立国懇談会だ。この流れは同年4月からのビジットジャパン事業となって始動し、2007年には観光立国推進基本法が施行される。以降、こうした施策が効果を発揮したのか、東日本大震災以降、訪日外国人の数は増加を続け、コロナ禍前の2019年には3000万人を超えるに至っている。

日本ほど観光資源に恵まれた国はないといってもよい。国土が南北に長いため、季節ごとの様々な自然景観が楽しめる。島国で海岸線が長く、急峻《きゅうしゅん》な山岳があり、河川が多く、水流が豊かだ。また歴史的な建造物が多く、国内の交通機関が充実している。鉄道網、道路網は密で、どこに行くにも多くの時間を要さない。国内を比較的短時間で移動できることは、観光にとって極めて重要なポイントである。観光、旅行が容易にルート化できるからだ。

2019年秋に外務省外郭団体の招きでロシアの各都市を巡ったが、バルト海に面するロシアの飛び地カリーニングラードを皮切りにシベリアのトムスクまでの4都市を回った際、各都市での仕事を終えるたびにいったん飛行機でモスクワに戻らなければならなかった。日本でも地方都市間のつながりはスムーズではないところもあるが、諸外国の例に比べればはるかにましだ。

そして食文化が発達し、芸術作品も多い。スキーなどのウィンタースポーツにも適する。

観光や遊びには良いところだらけの国なのだ。世界が注目してもおかしくはない。

日本人自体も旅行好きだ。江戸時代にはお蔭参りとも呼ばれる伊勢神宮への参拝客は年間で数百万人にものぼったといわれる。また春の桜、秋の紅葉など自然を身近に感じてこれを愛《め》でる日本人は、何かにつけ出歩くのが好きな国民だ。

観光は日本のキラーコンテンツの一つであることに間違いはない。ただこれをもって観光立国を目指すべきか、つまり今後は観光が日本の代表的な産業として大いに成長していくのかと言われれば、全くそのような対象ではないことは明らかである。

コロナ前でもインバウンド関連の観光消費額は約4兆8000億円程度。国のGDPの1%にも満たない。産業としての規模は小さすぎてお話にならないのだ。逆にこんな小さな産業に活路を求めるのは、明らかに日本の衰退を物語っている。

それでも観光関連の不動産の未来は明るい。コロナ禍などになると、すぐに「インバウンドに頼って踊ったツケ」などと揶揄《やゆ》されるがそうではない。これからの伸び筋が、中長期滞在型の高級リゾートホテルである。

コロナ禍でインバウンドの客足が途絶える中で奮闘したのが高級リゾートホテルだった。私の会社でプロデュースした大分県別府温泉のインターコンチネンタル別府リゾート&スパは、国内富裕層が多く訪れ、稼働率こそ目標を下回ったものの、平均宿泊単価は高水準を保ち、日本国内に高級リゾートホテル需要が存在することを裏付けた。

コロナ後は、これにアジアを中心とした富裕層が加わることで客層に厚みができること
が予想される。温泉地においてもこうした高級リゾートを掘り起こすことができ、ニセコや白馬ではスキーリゾートが隆盛となる。観光やアクティビティを基軸とした中長期滞在の顧客が日本の観光、リゾート関連の未来を潤すことは確実だ。

いっぽう同じホテルでもビジネス系ホテルの未来は暗い。働き方の変容は、基本的に面談して商談を進めるビジネススタイルから、本当に必要な面談以外はオンライン上で済ませるスタイルに確実に変容する。業績報告会や定例化している本社からの支店訪問などもオンラインですませるようになる。

すでに転勤や単身赴任を事実上廃止する企業が出始めた中、ビジネス需要だけに頼ったホテルの未来を見通すことができない。ホテルの未来は増え続けることが予想される観光客の取り込みを目指すことになる。

また注目すべきは、ホテルにおけるホスピタリティの考え方の未来だ。おそらく「おもてなし」といった定義は、一部の高級ホテルと旅館に限定したものになるだろう。ビジネ

スホテルではチェックイン手続きはすでにATMによるものが増えてきたが、今後はしだいに特異なサービスを求める需要は消滅するだろうし、逆に高度な技術を伴った対面のホスピタリティには多額の料金が請求される時代がやってくる。

では観光需要を取り込めないホテルはどうなるだろうか。限りなく中長期滞在用のレジデンスとなる。働き方の変容とは、みんなが在宅で働くということではない。多様な働き方は、たとえば一つのプロジェクトが成就するまでホテル内に引き籠って仕上げるなどという働き方を行う客が現れることを意味している。住宅とホテルの境界線は限りなく薄くなっていくのがこのカテゴリーにおける未来である。

## 商業施設、物流の未来

商業施設の未来は大きく変わる。変化の引き金を引いたのは無論、EC（電子商取引）だ。買い物は、日常品、汎用品の多くはすでに楽天やアマゾンに注文して調達する形態が定着している。この流れは今後加速こそすれ、元に戻ることはない。商業施設は買い物という行為を楽しむ場所に変わり、目的のものを買う（そのほとんどがECで購入できてしまう）のではなく、商業施設に出かけることが、一つのイベント、あるいはハレの場を楽しむことに変わっていく。

すでに静岡県の御殿場や千葉県の木更津などに展開するアウトレットモールはその先駆け的存在だ。買い物はあくまでも「ついで」となり、富士山を眺め、あるいは東京湾に沈む夕陽を楽しみながら滞在して行うものへと変容している。長野県軽井沢にあるプリンスモールには、東京などから犬を連れたファミリーが来て、芝生の広場で楽しむ、遊ぶ。そしてこうした生活の充実感を胸に、そのときの気分で品物を選ぶ。お気に入りのブランドがあっても、良い品がたまたまあれば買うというだけで、なければ買わないことだってある。商業施設は山でも、海でも、高原でもいろいろなアイテムを借りてきてショウを演出する、エンターテインメント施設に変貌する。

このことは都心部にある百貨店においてもあてはまる。百貨店の未来は生活シーンの演出となる。そのためには現在のようなハコ型の店舗が本当によいのか再考が迫られるようになる。大きなフロアの棚でいろいろな商品がそれぞれ自己主張を繰り返すのではなく、店に来た客が、そのままドラマや映画の主人公になったような感覚で買い物を楽しめる空間演出がなされるようになる。

客の好みはその時の気分、体調でも変わる。百貨店の未来では客の生活設計を共に考え演出し、客が知りえなかった世界へと導く、高度に進化した販売手法が採用される。都心にいるときの私、リゾート地での私、家で寛ぐときの私。服装や雑貨などのアイテムから入るのではなく、それぞれのシーンごとに客が置かれた環境や気分、そしてこれからの私を演出する、いわば客のパートナーとしての存在感を高めていくことに新しい商機を得ていくだろう。

百貨店は業態として古臭く、廃れていくといった指摘があるが、本質を外れた議論である。オンラインサイトが、うるさいくらいにネット上で売り付けてくるアイテムは、客が見ていたネット記事や商品検索したアイテムをデータ化して、「あなたはこれが好きなはず」と勝手に解釈して送りつけてくるものにすぎない。百貨店こそは客と対面で向かい合い、客の人生を一緒に伴走することができる業態だ。のこのことネットの世界に迷い込むのはネット側の思うつぼだ。

だからすべての客に向かい合う必要はない。ただ客のほうから店に来れば何かがある、自分の知らない世界が広がっていると思わせる演出が求められるのである。その形態はハコや上空へと延びる空間というよりも、一つの街、ビレッジへのいざないであろう。街全体がお店であり、全体が寛げる空間である。コンセプトを明確にしたショウハウスに滞在するというのもよい。未来の百貨店はテナントを並べての大家業《おおや》ではなく、空間全体が劇場のような舞台であることが求められている。もちろん主役は客だ。脚本、演出が百貨店だ。

飲食施設の在り方が激変するのが未来だ。なぜなら会社という村が都心から多く消滅してしまうからだ。村民はばらけて好き勝手なところに住むようになる。しかしだからといって多くの人々が地方に散ってしまうかと言えばそうでもない。生活に都市的な機能、快適さを求める傾向には変わりがないからだ。一部の人たちは相変わらず都心居住を継続するが、多くの人々が向かうのが、都市郊外の衛星都市だ。

衛星都市で一日を過ごす人が増えれば、衛星都市の平日の姿が変わる。飲食施設も昼間の対応だけでなく夜も含めて多様な姿をみせるようになる。ただし、店を訪れるのは同じ職場のサラリーマンたちではない。夫婦や子供連れのファミリー、カップル、同じ地域の仲間といった客層が対象となる。当然提供するメニューも変わる。居酒屋だけでなく、イタリアンやフレンチ、和食、家庭料理、いろいろなタイプのものになる。

遊び方も変わるだろう。カラオケだけでなく、カウンターバー、ダーツバー、スポーツや映像を売り物にする飲食店、いろいろな形態をその日その時の気分に応じて使い分ける、新しい飲食業態が続々誕生する。

遊ぶ、寛ぐ単位が変われば、新しい文化や芸術が誕生する可能性が高まる。音楽や芸術を自ら楽しむ人が増えればそれが新しい地域文化を育むことになる。衛星都市発の文化が生まれるチャンス到来である。日本は相当変わるだろう。

物流機能も変わる。日本の物流は関わる人材という意味でそろそろ限界を迎えている。物流施設はすでに単なる倉庫ではない。高度な配送設備を備えた精密工場のようなものだ。人材の払底はロボット等の導入を含めた自動化の進展につながる。

だが物流施設から顧客までのラストワンマイル問題は、トラック運転手の不足に加えた大きな課題だ。ヤマト運輸が仕掛けたロボネコヤマトによる配送実験はまだプリミティブな形ではあるものの、配送の未来を描いたものだった。

トラックは自動運転へ。そして陸上配送だけではないドローンを使った空からの配送も一般的になるだろう。この機能を支えるインフラとしての不動産は配送機能を満たす道路網、配送拠点となるドローンの離発着場など、従来の物流施設の立地とは異なる新たな不動産活用のメニューとなるだろう。

## 都会対地方の未来

日本の未来社会において、都会と地方、という概念は薄れていく。都会と地方との間には様々な格差があるといわれてきた。ところがこの格差を表してきた諸指標が未来社会では、これまでのような重要度を持ちえないものに変質してしまうからだ。

たとえば都会は便利である。便利であるがゆえに生活コストが高いのは仕方がない。多くの人がそのような価値観を持ってきた。生活の豊かさが物資を中心に測られてきた時代では、都会と地方の格差は歴然だった。地方が一生懸命に主張する豊かな自然や美味しい食事も、そんなものはときたま出かけて味わえばよい。ネットで自然景観を楽しむこともできるし、美味しい食材も調達できる。そのためにずっと地方に住むことは不合理だと多くの人は考えてきた。

だが未来ではどうなるだろうか。物質的な豊かさは充足している。そしてその豊かさはネット機能、物流機能が日本中に整うことによって、都会にしがみついていなくても十分に享受できるものとなった。

都会にいなければ良い職にありつくことはできない。地方には十分な就業環境がない。

だから都会に行くしかなかった。ただ、都会に住み続けるためには、高い賃料を払い続けるか、巨額の住宅ローンを背負って、少なくとも定年まで、あるいは定年後にわたってもローン返済をしなければ、自分の居場所さえ確保することができなかった。何のために働くのか、その意味を見出《みいだ》せないのが都会暮らし。一生で稼ぐおカネ、それは地方よりも多少多い金額であっても、そのほとんどは金融機関に納められてしまう運命だ。

でも未来社会では、どこに住んでいるかは必ずしも仕事とはリンクしない。高度な情報通信網があって、パソコンの画面上で成就する仕事が主流となる働き方。人間関係については、リアルなどろどろした関係を離れ、仕事上のつきあいと、人生の喜びや悲しみを共有できる相手とのつきあいを明確にわけることができるようになる。

オフィスという、未来からみれば牢獄のようなハコに囚《とら》われて、一日の大半を過ごさなければならない日々からは決別できる。どこででも仕事があるということは、日本国中どこにいっても仕事があるということだ。であるならば、自分の好きなところに住めばよい。人生の大半をハコ詰めの空間で、会社奴隷として住宅ローンを返済し終わる定年までの時間を売り渡すような愚かな行為をする人は激減する。

移動ももっと楽なものになる。ＪＯＢ型のワーカーが自分の時間割で生活するようになれば、好きな時に休暇を取る。それも2、3日のちまちました休暇ではなく1か月、数か月のバカンスを楽しむ人も出てくる。働きながら旅する人たちがあたりまえになる。あのゴールデンウィークだ、お盆だ、年末年始だ、といっていた人流狂騒曲はいったい何だったんだろうという日が必ずやってくる。

移動手段も進化する。自動運転車しかり、人間を運ぶドローンしかり、小型コミューターが街中を縦横無尽に走り回り、遠隔地への移動も現代よりもはるかに速く手軽にできるようになる。

人々が住む場所に拘らなくなる、というよりも束縛されなくなるのが日本社会の未来だ。都会と地方との関係はおのずと変わるはずだ。都会と地方がイコールフッティングになる日は遠くない。

住む場所が自由化されると、日本国中を渡り鳥のように拠点を変えて移動する人たちが増える。ノマドワーカーたちだ。現代であれば、こうした人々に対して、古くから地元に暮らす人たちは眉を顰《ひそ》めるかもしれない。自治体の多くが、住民票を移動しない民を奇異な目で見つめるかもしれない。

だが、住民票自体が価値を持たないのが未来だ。なぜなら、一か所に住み続ける人とノマドワーカーが共存していくための新しい価値観の醸成が生じるからだ。未来社会において住民票という紙のどこに価値があるというのだろうか。

未来の住民票はスマートフォンのアプリになる。一年間でその人がどこで暮らしたか、どこで働いたかを位置情報から分析し、その比率に応じて自治体間で税金をシェアすればよいだけだ。そうすれば、各自治体はなるべく長い時間、自分たちの地域に滞在してもらいたいと様々な工夫を凝らすようになる。特別に思い入れのある地域、地方があれば、納税者が一定割合を当該地に多く納めることができるようにすれば、さらに魅力的な街づくり、地域づくりに励むようになる。

日本の多くの地域で一定数の定住者と仕事を持ちながら全国を渡り歩くノマドワーカーたちが交じり合うようになれば、行政の在り方も変わる。選挙民も住民票に縛られるのではなく、自分たちが支持し、愛し、すすんで税を納める地域を自らが選択して投票できるようにすれば、地域内に巣くう利権集団が政治を操ることにも一定の圧力がかかるようになる。

行政や地方政治を内側から見るだけでなく、常に一定数の外部からの目線に晒《さら》すことは、地域の健全性を保つよい重石《おもし》となる。株式会社の取締役会において、一定数の社外取締役を入れるのと同様な発想だ。

これまでの地方は、都会の真似をして、地方にいても都会と同じような暮らしができることを目指し、地方から人が出ていかないことに血眼《ちまなこ》になってきた。そのために都会と似たようなハコモノ造りに勤《いそ》しみ、軍資金を中央からの補助金としていかに多く分捕ってくるかが行政手腕であるかのように考えてきた。

これからは働き方のベースが都会とイコールフッティングになることで、国中を渡り歩くノマドワーカーたちに対して、いかに魅力的な地域であるかをアピールし、人々が集まる地域プラットフォームを造ることができるかを競う時代になる。そのとき、東京で何が流行っているか、を気にする人は減り、自分たちの地域で新しく勃興《ぼっこう》する文化や芸術、新しい産業を発信することに注力する地域が、それぞれのメロディを奏でる時代になるのである。

## 街の未来

これまでの街の構造は、人々が住む場所、働く場所、買い物をする場所、寛ぐ場所といったように活動内容によってかなり明確に分かれていた。だが、未来の街の姿は現在のそれとはやや異なった姿に変容する。場所の融合とこれらの機能をつなげる社会的レイヤーの実装だ。

住むためだけに存在した住宅地といった概念は希薄になり、住宅の中で働く、シェアすることによって住宅内で宿泊する、寛ぐ人が出てくる。買い物もネットによるものに加え、買い物自体が生活の一つのシーンとして寛ぐ、学ぶ、発見するなど様々な機能とリンクしていくのが未来の街だ。

一つ一つの住宅が評価されるというよりも、街全体の住み心地、暮らしやすさ、機能の充実度などが評価される時代がやってくる。街に住むということにどれだけの付加価値があるかが問われるようになるのだ。

人々の生活の中心軸がこれまでの都心、オフィスというハコの中での人間関係、オフィスと住宅の間だけの往復に基づいたものから、一日の大半の時間を過ごす街の中での、家族や、街の中の人たちとの交流を中心とするものになる。JOB型の働き方の実践は自らの時間割に則《のっと》って行動することにつながり、そこで生み出される自由な時間を、自身が住む街やその周辺ですごすことで、おのずと人生の歩み方そのものがこれまでとは大きく異なることになる。

たとえば未来の街とはこんな街だ。街に入るためには人も車などのモビリティも、街のゲートから入場する。ここでセキュリティがチェックされる。街の一員であれば、ゲートの顔認証で通過できる。ゲストは通行許可を得て入場できる。街の中では基本的に移動手段は自転車や自動運転のモビリティであり、これらに乗り換える。ちなみに車は街でシェアしているので個々人が所有するものではない。

街の中にある飲食店では、住民たちがリーズナブルな値段でいろいろなメニューを楽しめる。外部から来たゲストはゲスト価格。コミュニティ内の住民は特別価格だ。自炊したい人は、アプリでメニューを告げるだけで、必要な食材、分量などを計算して、ドローンやロボットで配送される。料理の仕方などもすべて街アプリで指南してくれる。申し込めば、料理人が出張して自宅で腕前を披露してもらえる。

個々の住宅内にある物入れは極小だ。ほとんどの季節家電や衣類は街でシェアされているからだ。季節に応じて必要な家電類や衣類は個々人の家に備え付けられ、また宅配される。家電類などはすべて街でリースアップしているので、更新時期、修繕時期などを迎えると、自動的に交換される。したがってエアコンが壊れた、冷蔵庫の調子がおかしいなどといって、あわてて遠くの電器店に出かける必要はない。街の住民たちはいつでも最新型の高性能なものを楽しむことができる。

街の中では街に住む三世代が利用できるような様々なプラットフォームが整備される。互いのスキルを融通しあう、空きスペースを提供する、クラウドファンディングで街の環境を整備する、新しいビジネスをスタートする、街発の芸術や文化を支援するなど、街の一員となることで多くのメリットを楽しむことができるようになる。街の中で通用する街コインで互いにサービスのやり取りを行う。常に主役は街の住民たちだ。

ペットを飼いたい人たちには専用のスペースが提供され、ペットに関するあらゆるサポートを受けられる。ペット飼育が可能なマンションというコンセプトではなく、ペットを飼っていなければ住むことが許可されない賃貸マンションが提供される。ペットの健康管理、しつけはもちろん、外出や旅行をする場合などには専任のシッターサービスが受けられる。同じ趣味を持つ人たちの間で活動できるスペース、道具などのシェア、向学心をくすぐる各種セミナーや講演の開催。子供たちの集団教育、道徳やマナー講座。地域貢献活動。学校だけでは実践できない多くの学びの場が提供される。

住宅内では、家人の健康管理を行うシステムが完備されている。毎日の健康状態をチェックし、必要な対応、処置を提言する。体調、健康を意識したレシピの提言や運動量のチエック。住宅内のエネルギー管理。室温湿度調整。在宅ワーク用の適切な環境整備、演出。家計も自動的に管理され、月々の出費管理、投資アドバイス。子供の進学や卒業に合わせた資金計画の提言。住宅ローンの返済計画のシミュレーションなどのプランニング。

住宅の間取りも子供の成長や家族の状況に応じて変更を提言する。住宅設備管理、設備修繕更新の提言。住宅の現在価値の算出や売却、買い替え等のアドバイス。

街全体の運営、管理を行うのは、素人集団にすぎずその活動にバイアスがかかりがちだった自治会や管理組合ではなく、プロとして十分なトレーニングを行った専門会社が担当する。また様々な機能をコーディネートするためにソフトウェア会社、金融機関、医療機関、学術機関などとコラボレートしたチーム組織がこの街の運営、管理を司《つかさど》る。

生活に必要な様々なサポート機能を備え街の中で生活するのに何一つ不自由がない魅力あふれる社会的レイヤーを実装した街に住むことが可能になる未来が待っている。そこには、ただ単にたまたま自分が買ったマンションが結果的に値上がりするかどうかを妄想しながら超長期にわたる住宅ローンを返済し続けるのではない、街全体の価値創造による資産価値のアップを喜ぶ人たちの笑顔が見えてくるはずだ。

## 不動産の未来

私は日本の不動産の未来を悲観していない。むしろやっと正常に評価されるものとなるだろうとの期待感すらある。それにしてもこれまでの我が国の不動産は、歪《いびつ》で不幸な歴史を歩んできたと痛感する。

戦後の高度成長期から昭和、平成初期の不動産は人々の間での土地、住宅の争奪戦だった。地方圏から三大都市圏をはじめとした都市部への激しい人口流入は、地価高騰を招き、この時流に乗って、儲け、溺れる人が続出した。

日本の産業の国際競争力が萎《しぼ》み、個々人の稼ぐ能力が縮小の一途をたどる中で、何とか場つなぎしたのが夫婦共働きによる世帯収入の維持だった。家族構成の変化や社会構造、社会習慣の変化がこうした流れを後押ししたが、パワーカップルとおだてられるような世帯は少数で、ほとんどがそれでも家計の維持が精一杯。世帯年収の中央値は95年をピークにして、低迷を続け現在でも95年の値に戻る気配すら全く感じられずにいる。

東京一極集中になったがゆえに、地価が高く、生活コストが高い東京に住まなければならない、そのために人生のすべてを売り渡すような超長期かつ多額の住宅ローンを組む。

一人では返済できないので夫婦ダブルで借金地獄への道を選択してしまう。なぜこんなに住宅だけ価格が上がってしまうのだろう。でもここで頑張って買えば、自分たちの買った住宅も必ずや値上がりするだろうとの妄想を胸に。

だが社会は冷酷だ。マンション価格はなぜ上がっているか。投資のおもちゃになっているからだ。そして節税という目的を達成するがために、どんなに価格が高くても、そのほうが節税効果も高まるからと、とんでもなく高い価格でも買ってしまう高齢富裕層に価格を歪められていることに、必死にローンを組んで買う夫婦は気づいていないのだ。

金融は冷酷だ。場面が変われば知らんぷりして逃げていくのが投資家たちだ。あたりまえだ。儲からなければ手じまいするだけ。節税、節税と叫んでいる高齢富裕層。亡くなればその効果を相続人が享受しておしまいである。だが、過大な借入金やマーケットを無視した高値買いといった無理した対策は、必ずこれを引き継いだ相続人に容赦なく襲いかかる。

こんな宴《うたげ》につきあわされて、マンション上がる街、下がる街といった雑誌の特集を、目を皿のようにして読み漁《あさ》る一般庶民が気の毒でならない。

オフィスは、立地を間違いなく選べば、あとはとにかく大きく、とにかく高く、たくさん造れば、テナントなんてどこかから湧いて出てくるという、非マーケティングの経験値だけでやってきた結果がもうじき明らかになる。日本の産業競争力が地に落ちる中、国際金融センターができると呪文のように唱えてきても、追随する世界マネーはいない。結局昭和から平成にかけて建った質の悪い古いビルを建て替えて、タテに伸ばす。容積率アップの恩恵を食い尽くし、結局は従前のビルに入居していたテナントと他所の古いビルに入居中のテナントを引き抜くことで体裁を整えることができるのはこの先そんなに長い期間続く話ではない。

大手企業が手放した本社ビルを喜んで買う外資系投資ファンドがいるから安全だ、まだまだ大丈夫だと言っても、彼らは諸外国の大都市にあるオフィスビルの投資利回りと比較して、利回り差を利用してアービトラージ（鞘取《さやと》り）で遊んでいるにすぎない存在だ。彼らも所詮は金融マーケットで踊るハゲタカたちにすぎない。

そのような連中に日本の大切な社会インフラである不動産を預け、金儲けの道具として弄《もてあそ》ばれていることを、不動産マーケットは活況だと表現することに私はためらいを感じる。

繰り返すが、日本は不動産所有権について私権が強すぎるあまりに、現代では大きな歪《ひずみ》が生じている。誰が持っているのやらわからなくなってしまった不動産。いちいち所有者全員の同意を得なければ、ほんの数坪の土地ですら土地収用できずにいつまでたっても道路整備の一つもできないことは社会の発展をおおいに妨げている。

したがって私権の一部を制限することが必要だ。社会や地域コミュニティを維持するために国や自治体にも一定の権限、強制力を持たせる。不動産を所有することの義務や社会的な責任を負わせるようにしていかなければ、国力を落としているわが国では、放置されていく不動産が今後激増する。これは単なる空き家問題ではなく、国家の荒廃につながる由々しき問題なのだ。

不動産の未来は、これまでのような世の中の都合や一方的な需要創造から導かれる価格高騰、金融マーケットの崩壊で巻き込まれる価格暴落、私権を強調するあまり放置される空き家や空き地、歪んだ税制や投資家たちの思惑に惑わされる世界から距離を置き、土地の持つ価値、そしてそのうえで人々が幸せな生活をおくるために必要な機能、これを私は社会的レイヤーと呼んだが、こうしたソフトウェアをいかに実装、整備していくかが問われる時代となる。

幸い働き方は多様化して、オフィスという牢獄に囚われる必要性は低下した。自分が好きな時に、好きな場所で、好きなことをする、こうしたライフスタイルを実現する人が増えていけば、不動産の持つ価値に対する認識は一変する。

不動産は金もうけのための打ち出の小槌《こづち》ではない。不動産は人々が社会生活を送るための重要なインフラ資産である。そのために私たちはこの不動産に対して真剣に向かい合い、価値創造を続けなければならないのだ。

また国土防衛のため、社会秩序の維持のためにも、一定の私権制限を施す。不動産を所有する人たちの義務、責任を明確にするならば、新しい国土計画の策定はもっと戦略性を持ったものに切り替えることができるだろう。

不動産の未来は、新しい価値創造の時代を確実に迎えるのである。

# おわりに　時代は動く、未来は変わる

先日ある人の紹介で九州にある味噌醤油メーカーを訪ねた。このメーカーは江戸時代に創業された老舗で、現在では味噌、醤油だけでなく、ポン酢、ドレッシング、出汁《だし》やタレとラインナップを広げ、九州だけでなく全国に販路を広げる優良メーカーである。

この会社は地元で開催される女子プロゴルフやテニス大会などを主催している。さぞや豪壮な本社ビルなのだろうと、想像に胸を膨らませて向かった。私の乗った車は海沿いの古民家の前に停車した。正直、目の前に鎮座するのは工場の管理棟か何かだと思った私は、案内をしてくれた方から、

「はい着きました。ここが本社でございます」

と言われてしばらく言葉が出なかった。古民家だったのだ。

この会社の社長によれば、古民家は地元の造船所の社長のご自宅だったものを買い取り、

本社社屋として活用されたとの由。古民家でありながら内部はきちんと手を入れられ、応接室はかつての居間だったところだという。

さらに私を驚かせたのが、事務所棟だった。本社社屋に接続して建つ事務所棟はかつての学校の体育館だ。廃校となった学校の体育館を移築してこれを事務所として使っていたのだ。天井は高く、柱がないために広々とした空間を活用でき、ここで社員が日々の仕事をしている。オフィスにするには極めて合理的な発想だ。古いものを大切に扱い、活用する。不動産を扱う原点を見た思いだった。

工場にも案内された。数年前に新設された工場も装飾は少なく、それでもドレッシングの製造工程に全く無駄のない空間を確保し、最新鋭の設備が収まっていた。社長からはこの工場の建設にあたっては、工場社屋というハコについては極力合理的に、いかにコストの無駄なく建設するかに重きを置き、良い製品を作るための設備増強には特に注力したことを淡々と説明された。

またご先祖が嫁いでから住んでいた東京の世田谷の瀟洒《しょうしゃ》な洋館は、会社敷地内に移築した。古くて良いものは保存、活用し、文化的に意義のあるものは積極的に公開していこうとの気持ちの表れだ。

都会の真ん中のギラギラした超高層ビルに本社を構える必要もない。先祖代々受け継がれてきた技術を伝承し、現代にもあった商品ラインナップに広げながら伝統を守っていく。その企業姿勢に深い感銘を受けた。古くても不動産が会社を支え、そこで働く社員たちと一体化されている姿は、古いものは壊し、新しくて背が高く、大きなものに建て替えていく東京の姿とは対照的である。

本書は、常に不動産の最先端に触れ、実業としての不動産プロデュース業を営んできた私が、不動産の本質を考え、未来を俯瞰《ふかん》したものだ。私が最初に不動産に関する書籍を世に出したのは2011年に上梓した『なぜ、町の不動産屋はつぶれないのか』(祥伝社新書)だった。それまでは不動産の節税本や投資術といったノウハウ本、業界裏話のような暴露本の類は多く出版されていたが、不動産を正面から扱ったものはなかった。

最近では不動産を評論の対象とする著者も何人か登場しているが、私が常に心がけているのは、不動産を実際に取り扱い、関係者と多くの会話をし、そして不動産を心から愛する人たちと一緒に仕事をし続けることにある。

上から目線の評論や業界よいしょの応援をするのではなく、さりとて単なる批判を繰り返すのではなく、不動産が持つ様々な顔を実際に見て、その価値を少しでも高められるようにしていくことが、不動産プロデューサーとしての私の使命と感じている。

最近とみに感じているのが、不動産に興味関心を持つ若い人たちのベンチャービジネスが増えていることである。彼らは従来不動産を取り扱ってきた私たちとは全く違う角度から不動産を観察し、テクノロジーを前面に押し出しながら、新しいビジネススタイルを追求している。確実に不動産の世界にも地殻変動が起こりつつあるのだ。

この流れを私は歓迎している。魑魅魍魎《ちみもうりょう》が跋扈《ばっこ》する怪しい業界と言われ続けてきた不動産に、全く異なる視点からビジネスを創造することは、業界を変えるだけでなく、今何となく元気がなく、コップの底に澱《おり》が沈殿しているような雰囲気の我が国を浄化し、活性化させると信じているからだ。

こうした若い人たちが私の事務所で、不動産の未来を語る。そのうち私のオフィスも都心の一角ではなく、住所不定になる日も近いことだろう。時代は動く。未来は変わるのである。

牧野知弘　まきの・ともひろ
東京大学経済学部卒。第一勧業銀行（現：みずほ銀行）、ボストンコンサルティンググループを経て、三井不動産に勤務。J-REIT（不動産投資信託）執行役員、運用会社代表取締役を経て独立。現在はオラガ総研株式会社代表取締役としてホテルなどの不動産プロデュース業を展開。また全国渡り鳥生活倶楽部株式会社を設立。代表取締役を兼務。講演活動に加え多数の著書を執筆している。著書に『空き家問題』『不動産激変』『ここまで変わる！ 家の買い方 街の選び方』（以上、祥伝社新書）、『マイホーム価値革命』（NHK出版新書）など多数。

朝日新書
854

不動産《ふどうさん》の未来《みらい》

マイホーム大転換時代に備えよ

2022年３月30日第１刷発行
2022年６月30日第２刷発行

著者　牧野知弘

発行者　三宮博信
カバーデザイン　アンスガー・フォルマー　田嶋佳子
印刷所　凸版印刷株式会社
発行所　朝日新聞出版
〒104-8011　東京都中央区築地5-3-2
電話　03-5541-8832（編集）
　　　03-5540-7793（販売）

Published in Japan by Asahi Shimbun Publications Inc.
ISBN 978-4-02-295162-5
定価はカバーに表示してあります。

朝日新書

## 死者と霊性の哲学
ポスト近代を生き抜く仏教と神智学の智慧

末木文美士

「近代の終焉」後、長く混迷の時代が続いている。従来の思想史や哲学史では見逃されてきた「死者」と「霊性」という問題こそ、日本の思想で重要な役割を果たしている。19世紀以降展開されてきた神智学の系譜にさかのぼり、仏教学の第一人者が「希望の原理」を探る。

## 宇宙は数式でできている
なぜ世界は物理法則に支配されているのか

須藤　靖

なぜ宇宙は、人間たちが作った理論にこれほど従っているのか？　ブラックホールから重力波まで「数学的な解にしかすぎない」と思われたものが、技術の発展によって続々と確認されている。神が仕組んだとしか思えない法則の数々と研究者たちの探究の営みを紹介する。

## 防衛事務次官　冷や汗日記
失敗だらけの役人人生

黒江哲郎

防衛省「背広組」トップ、防衛事務次官。２０１５年から17年まで事務次官を務め南スーダンＰＫＯ日報問題で辞任した著者が「失敗だらけの役人人生」を振り返る。自衛隊のイラク派遣、防衛庁の省昇格、安全保障法制などの知られざる舞台裏を語る。

朝日新書

# 不動産の未来
マイホーム大転換時代に備えよ

牧野知弘

不動産に地殻変動が起きている。高騰化の一方、コロナによって暮らし方、働き方が変わり、住まいの価値観が変容している。こうした今、都市や住宅の新しい価値創造は何かを捉えた上で、マイホームを選ぶことが重要だ。業界の重鎮が提言する。

# 全米トップ校が教える自己肯定感の育て方

星　友啓

学習や仕事の成果に大きく関与する「自己肯定感」は世界的にも注目されるファクターだ。本書は超名門スタンフォード大学オンラインハイスクールで校長を務める著者が、そのコンセプトからアプローチ、エクササイズまで、最先端の知見を凝縮してお届けする。

# リスクを生きる

内田　樹
岩田健太郎

コロナ禍で変わったこと、変わらなかったこと、変わるべきことは何か。東京一極集中の弊害、空洞化する高等教育、査定といじめの相似構造、感染症が可視化したリスク社会を生きるすべを語る、哲学者と医者の知の対話。同著者『コロナと生きる』から待望の第2弾。

全面改訂 第3版
# ほったらかし投資術

山崎　元
水瀬ケンイチ

これがほったらかし投資の公式本! 売れ続けてシリーズ累計10万部のベストセラーが7年ぶりに全面改訂! おすすめのインデックスファンドが一新され、もっとシンプルに、もっと簡単に生まれ変わりました。iDeCo、2024年開始の新NISAにも完全対応。